Die Vier Edlen Wahrheiten

Dieses Buch wurde ermöglicht durch Spenden vom
Dhammapala Verlag,
der Buddhistischen Gesellschaft München und in
Gedenken an Helmut und Rottraut Richter.

Übersetzung der englischen Ausgabe von 1992
(ISBN 1-870205-10-3):

The Four Noble Truths
von Ven. Ajahn Sumedho
Désirée Schoen/Sister Cittapala

Die Vier Edlen Wahrheiten
Ajahn Sumedho

Grafik und Layout: Mark Frederick Chapman, Zürich
Korrektorat: Samanera Jitindriyo

Zur kostenlosen Verteilung

© Amaravati Publications 2009

ISBN 1-870205-18-9

Amaravati Publications
publications@amaravati.org
www.amaravati.org

Amaravati Buddhist Monastery
St Margaret's Lane, Great Gaddesden
Hemel Hempstead, HP1 3BZ
United Kingdom

Die Vier Edlen Wahrheiten

❖ ❖ ❖

Ajahn Sumedho

Vorwort zur deutschen Übersetzung

Bei der Eröffnung des Tempels in Amaravati* 1999 berichtete Lord Young, der Verfasser des „Manifesto" der englischen Labour Party, wie er zum ersten Mal einen Vortrag von Ajahn Sumedho gehört und dabei verwundert ein zunehmendes Wohlgefühl verspührt hatte. Er hätte noch nie so entspannt auf einem Sofa gesessen – war das die wohltuede Wirkung des Dhamma?

Wir sind froh, dass 17 Jahre nach dem Erscheinen der ersten englischen Ausgabe von „The Four Noble Truths" von Ajahn Sumedho dieses Buch nun in deutscher Fassung vorliegt. „Die Vier Edlen Wahrheiten" ist der Titel einer zentralen Weisheits-Lehre des Buddha, und Ajahn Sumedho beleuchtet seit Jahren in seinen Vorträgen verschiedene Aspekte dieser 2500 Jahre alten Lehre und wendet sie auf unsere heutige Lebenssituation an.

Als ich vor zwölf Jahren Anagarikā (Novizin) im Kloster Amaravati wurde, hatte ich mich durch die Übersetzung der Vier Edlen Wahrheiten von Ajahn Sumedho auf diesen Schritt vorbereitet und jedem meiner Freunde zum Abschied ein Exemplar in deutscher Sprache übergeben, damit sie sich eine Vorstellung von meinem neuen Leben machen konnten. Die wenigen, die mich dann darauf angesprochen hatten, konnten nicht recht verstehen, wozu eine „Wahrheit von Leiden" gut sein sollte. Und warum sollte sie „edel" sein? Versuchen wir nicht aus gutem Grund, den Unannehmlichkeiten des Lebens auszuweichen und die Aufmerksamkeit auf das zu lenken, was erfreulich ist – positiv zu denken? Die Flasche soll lieber halb voll sein als halb leer! Und überhaupt, der Begriff „Leiden" klingt so unangenehm. Sich einzugestehen, dass man leidet – denkt man nicht gleich, dass man etwas falsch gemacht hätte? Dann verbirgt man es lieber vor anderen und am Ende sogar vor sich selbst: „Danke, mir geht's gut!"

Für mich ist es eine Erleichterung, dass Leiden vom Buddha nicht als persönliches Scheitern dargestellt wird, sondern als etwas, das wir alle gemeinsam haben. Denn das menschliche Leben ist seiner Natur nach unbeständig, und so haben wir Schwierigkeiten damit, es zu kontrollieren und zufrieden zu sein. Dieses grundsätzlich

Unbefriedigende ist *dukkha**, was allgemein mit „Leiden" übersetzt wird: „Da ist Leiden" – in welchen Ausprägungen wir es auch erfahren mögen, als Stress, Unzufriedenheit, Ablehnung, Angst, Irritiert-Sein. – Die Frage ist, ob wir den äußeren Umständen, anderen oder uns selbst die Schuld dafür geben und endlos dagegen ankämpfen wollen? Oder ob wir es annehmen und uns für seine Ursachen im eigenen Geist interessieren können – das wäre das Aufwachen zur Wahrheit vom Leiden, die der Buddha „edel" nennt. In diesem Aufwachen liegt der Weg zum Glücklich-Sein.

Meine damalige Übersetzung war noch unbeholfen, was zum Unverständnis meiner Freunde beigetragen haben mag. Besonderer Dank geht an Desirée Schön, die sich der Übersetzung inzwischen sehr viel professioneller angenommen und damit den Anstoß zu dieser Veröffentlichung gegeben hat.

Bei der abschließenden Überarbeitung ist mir einmal mehr deutlich geworden, wieviel wir Ajahn Sumedho zu verdanken haben für seine unermüdliche und manchmal unkonventionelle Art, die Lehre des Buddha zu präsentieren und seine eigenen Einsichten mit uns zu teilen. So benutzt er in seinen Vorträgen immer wieder verschiedene Begriffe, spielt mit Worten, wenn er über Aussagen des Buddha reflektiert. Das regt zur eigenen Auseinandersetzung an.

Vielleicht ist es in diesem Zusammenhang interessant, etwas über die Arbeit des Übersetzens zu berichten. – Manchmal ist man mit einem Wort konfrontiert, für das es im Deutschen keine genaue Entsprechung gibt, wohl aber eine ganze Anzahl verschiedener Worte mit unterschiedlichen Bedeutungen. Dann konnten Ajahn Sumedhos Wortspiele Aufschluss darüber geben, welche Bedeutung er jeweils betonen wollte. Zum Beispiel kann „to realize" übersetzt werden mit: "erkennen, sich klarmachen, begreifen", aber auch mit „verwirklichen". Bei der Dritten Edlen Wahrheit gibt es einen Aspekt, den wir zuerst mit „das Aufhören von Leiden ist verwirklicht worden" übersetzt hatten. Aber dann hörte ich Ajahn Sumedho in diesem Zusammenhang wiederholt das Wort „erkennen" (recognize) benutzen und fragte mich, ob wir diesen Satz eher mit „das Aufhören von Leiden ist erkannt worden" übersetzen sollten. Während unserer Retreat-Zeiten hatte ich Gelegenheit, mit solchen Fragen in die Meditation zu gehen: Was passiert da eigentlich, wenn ich dem Gefühl von Leiden oder Schmerz im Herzen Raum gebe und hinfühlend mit dem Gewahrsein dabeibleibe, allen Widerstand aufgebe? Kann ich fühlen, wie Leiden dann aufhört? – Ja, auf einmal ist es nicht mehr da, eher eine Art Glücksgefühl. Das ist erstaunlich! Ich muss also gar nichts machen, nur das Gewahrsein muss beständig genug sein, um das Aufhören von Leiden zu erkennen. Also ist „erkennen" hier eine bessere Übersetzung als „verwirklichen". Doch in einem späteren Vortrag benutzte Ajahn Sumedho „to realize" im Sinne von „verwirklichen": „Verwirkliche das Ende von Leiden, mache es wirklich, lasse zu, dass es Wirklichkeit wird." Das war verwirrend. – Was ist denn nun die richtige Übersetzung? Oder gibt es manchmal mehr als eine richtige Übersetzung, und verschiedene Worte beleuchten einfach verschiedene Aspekte dieser Wahrheit und leiten uns damit an, sie selbst zu erfahren? – Das war eine erhellende Einsicht. Sie hat mir auch gezeigt, dass dieses Buch voller Anregungen für die eigene Meditations-Praxis ist.

In seinen Ausführungen zum Edlen Achtfachen Pfad ermutigt Ajahn Sumedho uns, Worte zu finden, die das eigene Verständnis für diese Lehre und Praxis erleichtern, anstatt immer an den traditionellen Dhamma*-Begriffen festzuhalten, wie sie in buddhistischen Wörterbüchern zu finden sind. Das haben wir auch in dieser Übersetzung versucht zu beherzigen und sind seiner Wortwahl gefolgt. Wir vertrauen darauf, dass seine Ausführungen die nötige Klarheit schaffen, tiefer zu verstehen, was gemeint ist. In diesem Zusammenhang möchte ich auch Ajahn Khemasiri und Bhante Sukhacitto aus dem Kloster Dhammapala* für ihre Anregungen danken und freue mich über die Lebendigkeit, mit der wir diesen deutschen Dhamma entwickeln können.

Dank an alle, die bei der Entstehung dieses Buches geholfen haben. Möge es dazu beitragen, dass mehr und mehr Menschen das Aufhören von Leiden und seinen Ursachen erkennen können.

Sister Cittapala
Amaravati Buddhist Monastery
Dezember 2009

Mit * gekennzeichnete Begriffe: siehe Glossar am Ende des Buches.

Inhalt

Vorwort zur deutschen Ausgabe	7
Vorwort zur englischen Ausgabe	13
Einführung	14
Die Erste Edle Wahrheit	**21**
Leiden und Selbstsicht	23
Ablehnung von Leidens	25
Ethik und Mitgefühl	26
Leiden untersuchen	28
Vergnügen und Missvergnügen	30
Einsicht in Situationen	33
Die Zweite Edle Wahrheit	**37**
Drei Arten von Verlangen	38
Festhalten ist Leiden	41
Loslassen	42
Erfüllung	44
Die Dritte Edle Wahrheit	**47**
Die Wahrheit von der Vergänglichkeit	49
Sterblichkeit und Aufhören	51
Den Dingen erlauben zu entstehen	53
Verwirklichung/Erkenntnis	57
Die Vierte Edle Wahrheit	**60**
Rechtes Verstehen	62
Rechtes Streben	67
Rechte Rede, Rechtes Handeln, Rechter Lebenserwerb	70
Rechtes Bemühen, Rechte Achtsamkeit, Rechte Konzentration	73
Aspekte der Meditation	74
Verstand und Gefühl	76

Die Dinge wie sie sind	78
Harmonie	80
Der Achtfache Pfad als Lehre, die zum Reflektieren anregt	82
Glossar	85

Eine Hand voll Blätter

Einst lebte der Erhabene in einem Wald von Simsapa-Bäumen bei Kosambi. Er sammelte mit der Hand ein paar Blätter auf und wandte sich an die Mönche: „Wie seht ihr das, Bhikkhus, was ist mehr – die wenigen Blätter, die ich in der Hand gesammelt halte, oder jene an den Bäumen im Wald?"

„Die Blätter, die der Erhabene in seiner Hand gesammelt hält, sind wenige, Herr; jene im Wald sind viel mehr."

„Ebenso, Bhikkhus, gibt es viel mehr, was ich durch unmittelbares Wissen erfahren habe; was ich euch dagegen mitgeteilt habe, ist nur wenig. Warum habe ich euch das andere nicht mitgeteilt? Weil es kein Wohl bringt, keinen Fortschritt im Heiligen Leben, und weil es nicht zu Leidenschaftslosigkeit führt, nicht zu Entreizung, zu Auflösung, zu Beruhigung, zu unmittelbarem Wissen, zu Erleuchtung, zu Nibbāna*. Darum habe ich es euch nicht mitgeteilt.

Und was habe ich euch mitgeteilt? Dies ist Leiden; dies ist der Ursprung von Leiden; dies ist das Ende von Leiden; dies ist der Weg, der zum Ende von Leiden führt. Das ist, was ich euch mitgeteilt habe. Warum habe ich es mitgeteilt? Weil es Wohl bringt und Fortschritt im Heiligen Leben, und weil es zu Leidenschaftslosigkeit führt, zu Entreizung, zu Auflösung, zu Beruhigung, zu unmittelbarem Wissen, zu Erleuchtung, zu Nibbāna. Mönche, lasst dies also eure Aufgabe sein: Dies ist Leiden, dies ist der Ursprung von Leiden, dies ist das Ende von Leiden, dies ist der Weg, der zum Ende von Leiden führt."

Samyutta Nikāya (Gruppierte Sammlung) 56, 31

Vorwort zur englischen Ausgabe

Dieses kleine Buch wurde zusammengestellt aus Vorträgen des Ehrwürdigen Ajahn Sumedho über die zentrale Lehre des Buddha: dass der Mensch sein Unglücklichsein durch spirituelles Training überwinden kann.

Die Lehre wird durch die Vier Edlen Wahrheiten des Buddha vermittelt, die dieser erstmals im Jahr 528 v. Chr. im Wildpark von Sarnath bei Varanasi dargelegt hat und die bis heute in der buddhistischen Welt lebendig geblieben sind.

Der Ehrwürdige Ajahn Sumedho ist ein Bhikkhu* (Mönch) in der buddhistischen Theravāda-Tradition*. Er wurde 1966 in Thailand ordiniert und widmete sich dort zehn Jahre lang seinem Training. Zurzeit ist er Abt des buddhistischen Klosters Amaravati sowie Lehrer und spiritueller Mentor für viele Bhikkhus, buddhistische Nonnen und Laien.

Dieses Buch entstand durch die ehrenamtliche Arbeit vieler Menschen zum Wohl anderer.

Anmerkung zum Text:
Die erste Darlegung der Vier Edlen Wahrheiten war eine Lehrrede (sutta), das so genannte *Dhammacakkappavattana Sutta* – wörtlich „Die Lehrrede, die das Rad der Lehre in Bewegung setzt". Auszüge daraus sind jedem die Vier Edlen Wahrheiten beschreibenden Kapitel vorangestellt. In Klammern hinter den Zitaten ist die jeweilige Stelle im Pali-Kanon* angegeben, wo man die Lehrrede finden kann. Das Thema der Vier Edlen Wahrheiten erscheint an verschiedenen Stellen, zum Beispiel im Zitat zu Beginn der Einführung.

Einführung

Dass wir alle, ich und ihr, diesen langen Kreislauf des Daseins zu durchlaufen, ja mühsam zu durchwandern hatten, beruht darauf, dass wir vier Wahrheiten nicht entdeckt, nicht voll verstanden haben. Welche vier?
Es sind: Die Edle Wahrheit von Leiden, die Edle Wahrheit vom Ursprung von Leiden, die Edle Wahrheit vom Ende von Leiden und die Edle Wahrheit vom Weg, der zum Ende von Leiden führt.

Dīgha Nikāya (Längere Sammlung), Sutta 16

Das *Dhammacakkappavattana Sutta,* die Lehre des Buddha von den Vier Edlen Wahrheiten, ist der Teil seiner Lehre, auf die ich mich im Laufe der Jahre in meiner Praxis hauptsächlich bezogen habe. Es ist die Lehre, die wir in unserem Kloster in Thailand anwandten. Die Theravāda-Schule des Buddhismus betrachtet dieses Sutta als die Quintessenz der Lehre des Buddha. Dieses eine Sutta enthält alles, was zum Verstehen des Dhamma und zur Erleuchtung notwendig ist.

Obwohl das *Dhammacakkappavattana Sutta* als die erste Lehrrede des Buddha nach seiner Erleuchtung gilt, stelle ich mir manchmal vor, dass er seine allererste Lehrrede hielt, als er auf dem Weg nach Vārānasī einen Asketen traf. Nach seiner Erleuchtung in Bodhgayā, dachte der Buddha: „Diese Lehre ist so feinsinnig. Ich kann unmöglich in Worte fassen, was ich entdeckt habe, also werde ich nicht lehren. Ich werde einfach unter diesem Bodhi-Baum sitzen bleiben, bis zum Ende meines Lebens."

Für mich ist das eine sehr verführerische Idee, einfach wegzugehen und allein zu leben und mich nicht mit den Problemen der Gesellschaft beschäftigen zu müssen. Doch während der Buddha so nachdachte, kam Brahma Sahampati, die Schöpfer-Gottheit im Hinduismus, zum Buddha und überzeugte ihn, dass er die Lehre verbreiten sollte. Brahma Sahampati brachte dem Buddha zum Bewusstsein, dass es Wesen gäbe, die verstehen würden, Wesen, die nur wenig Staub in den Augen hätten. Also war die Lehre des Buddha auf diejenigen ausgerichtet, die nur wenig Staub in den Augen hatten. Ich bin sicher, dass er nicht glaubte, dass sie eine Massen- oder Volksbewegung werden würde.

Nach Brahma Sahampatis Besuch war der Buddha auf dem Weg von Bodhgayā nach Vārānasī, als er einen Asketen traf, der von der strahlenden Erscheinung des Buddha beeindruckt war. Der Asket wollte wissen: „Was ist das, was du entdeckt hast?" Und der Buddha erwiderte: „Ich bin der vollkommen Erleuchtete, der *Arahant**, der Buddha."

Ich stelle mir diese gern als seine erste Lehrrede vor. Sie war ein Misserfolg, denn der Zuhörer glaubte, der Buddha habe zu angestrengt praktiziert und würde sich jetzt überschätzen. Wenn jemand dies zu uns sagen würde – ich bin sicher, wir würden ähnlich reagieren. Was würdest du tun, wenn ich zu dir sagte: „Ich bin der vollkommen Erleuchtete"?

Tatsächlich war die Aussage des Buddha eine zutreffende, sehr präzise Darlegung. Sie ist die vollkommene Darlegung, aber die meisten Menschen können sie nicht verstehen. Sie neigen dazu, sie misszuverstehen und zu denken, die Aussage käme von einem Ego, weil Menschen immer alles von ihrem Ego aus interpretieren. „Ich bin der vollkommen Erleuchtete" klingt vielleicht wie eine Ego-Behauptung, doch ist sie nicht wirklich rein transzendent? „Ich bin der Buddha, der vollkommen Erleuchtete" – es ist interessant, diese Aussage zu kontemplieren, denn sie verbindet den Gebrauch von „ich bin" mit dem höchsten Grad von Errungenschaften oder Erkenntnissen. Wie auch immer, das Ergebnis dieser ersten Lehrrede des Buddha war, dass der Zuhörer sie nicht verstand und fortging.

Später traf der Buddha im Wildpark in Vārānasī seine fünf früheren Kameraden. Die fünf waren mit Leib und Seele strenge Asketen. Vor einiger Zeit hatten sie sich enttäuscht vom Buddha abgewandt, weil sie glaubten, er würde nicht mehr ernsthaft praktizieren. Der

Buddha hatte nämlich in der Zeit vor seiner Erleuchtung einzusehen begonnen, dass strenge Askese auf keine Weise zu einem erleuchteten Zustand führt, und hatte deswegen diese Art des Praktizierens aufgegeben. Diese fünf Freunde dachten, er würde es sich leicht machen. Vielleicht hatten sie ihn Milchreis essen sehen, was womöglich dem Eis-Essen in unserer Zeit vergleichbar ist. Wenn du ein Asket bist und einen Mönch Eis essen siehst, könntest du dein Vertrauen in ihn verlieren, weil du denkst, dass Mönche Brennnesselsuppe essen sollten. Wenn du dich tatsächlich dem Asketentum verschrieben hättest und mich einen Eisbecher essen sähest, hättest du kein Vertrauen mehr in Ajahn Sumedho. So arbeitet der menschliche Geist; wir neigen dazu, eindrucksvolle Gesten der Selbstkasteiung und Selbstverleugnung zu bewundern. Als diese fünf Freunde oder Schüler des Buddha ihr Vertrauen in ihn verloren hatten, verliessen sie ihn – was ihm die Chance gab, unter dem Bodhi-Baum zu sitzen und Erleuchtung zu verwirklichen.

Als die fünf den Buddha im Wildpark in Vārānasī wieder trafen, dachten sie zuerst: „Den haben wir durchschaut. Kümmern wir uns einfach nicht um ihn." Als er aber näher kam, fühlte jeder von ihnen, dass etwas Besonderes an ihm war. Sie standen auf, um ihm einen Platz zum Sitzen zu bereiten, und er gab ihnen seine Lehrrede von den Vier Edlen Wahrheiten.

Anstatt zu sagen: „Ich bin der Erleuchtete", sagte er diesmal: „Da ist Leiden. Da ist der Ursprung von Leiden. Da ist das Ende von Leiden. Da ist der Ausweg aus dem Leiden." So formuliert, erfordert diese Lehre weder Zustimmung noch Ablehnung. Wenn er gesagt hätte: „Ich bin der vollkommen Erleuchtete", wären wir gezwungen, entweder zuzustimmen oder zu widersprechen – oder wir wären einfach verblüfft, unsicher, wie wir mit dieser Aussage umgehen sollten. Doch weil er sagte: „Da ist Leiden, da ist die Ursache von Leiden, da ist ein Ende von Leiden und da ist der Ausweg aus dem Leiden", gab er uns etwas zum Reflektieren: „Was meinst du damit? Was verstehst du unter Leiden, seinem Ursprung, Ende und dem Weg?"

So beginnen wir zu kontemplieren, darüber nachzudenken. Mit der Aussage: „Ich bin der vollkommen Erleuchtete" würden wir vielleicht nur darüber streiten: „Ist er wirklich erleuchtet?" – „Ich glaube nicht." Wir würden einfach streiten, weil wir für eine so unmittelbare Belehrung nicht bereit sind. Offensichtlich hielt der Buddha seine erste Lehrrede jemandem, der noch viel Staub in den Augen hatte, und sie war ein Misserfolg. Deshalb gab er bei der zweiten Gelegenheit die Belehrung über die Vier Edlen Wahrheiten.

Die Vier Edlen Wahrheiten sind also: Da ist Leiden; da ist eine Ursache oder ein Ursprung von Leiden; da ist ein Ende von Leiden; und da ist ein Ausweg aus dem Leiden, nämlich der Achtfache Pfad. Jede dieser Wahrheiten hat drei Aspekte, zusammen ergeben sich also zwölf Einsichten. In der Theravāda-Schule ist ein *Arahant* ein Vollkommener, jemand, der die Vier Edlen Wahrheiten mit ihren je drei Aspekten und zwölf Einsichten klar erkannt hat. „*Arahant*" bedeutet: ein Mensch, der die Wahrheit versteht, meist bezogen auf die Lehre von den Vier Edlen Wahrheiten.

Die erste Einsicht zur Ersten Edlen Wahrheit lautet: „Da ist Leiden." Was ist das für eine Einsicht? Wir müssen gar nichts Großartiges daraus machen, es ist einfach das Erkennen: „Da ist Leiden." Das ist eine grundlegende Einsicht. Der Unwissende sagt: „Ich leide. Ich will nicht leiden. Ich meditiere und gehe in Retreats, um dem Leiden zu entkommen, doch ich leide immer noch, aber ich will nicht leiden. – Wie kann ich dem Leiden entkommen? Was kann ich tun, um es loszuwerden?" Aber das ist nicht die Erste Edle Wahrheit; sie lautet nicht: „*Ich* leide und *ich* will, dass das aufhört." Die Einsicht lautet: „Da ist Leiden."

Jetzt betrachtest du den Schmerz oder die Qual, die du fühlst – nicht vom Standpunkt: „Das ist meins", sondern als Reflexion: „Da ist dieses Leiden, dieses *dukkha**." Das ergibt sich aus der reflektierenden Haltung von „Der Buddha sieht das Dhamma". Die Einsicht besteht einfach im Eingeständnis, dass es Leiden gibt, ohne es zu etwas Persönlichem zu machen. Dieses Eingeständnis ist eine wichtige Einsicht: geistige Qualen oder körperliche Schmerzen nur zu betrachten und sie als *dukkha* zu sehen, nicht als persönliche Misere – sie nur als *dukkha* zu sehen und nicht auf gewohnte Weise auf sie zu reagieren.

Die zweite Einsicht der Ersten Edlen Wahrheit lautet: „Leiden sollte verstanden werden." Die zweite Einsicht oder der zweite Apekt jeder Edlen Wahrheit beinhaltet das Wort „sollte": „Es sollte verstanden werden." Die zweite Einsicht ist dann, dass *dukkha* etwas Verstehbares ist. Man sollte *dukkha* verstehen, es nicht bloß loswerden wollen.

Wir können das Wort „verstehen" („to understand" im Englischen) so auffassen, als ob wir „unter etwas stehen". Es ist ein durchaus gebräuchliches Wort, doch in Pali* bedeutet „verstehen" hier, dass man das Leiden wirklich akzeptiert, unter ihm steht oder es umarmt, anstatt nur darauf zu reagieren. Gewöhnlich reagieren wir nur auf Leiden – welcher Art es auch sei, geistig oder körperlich –, doch mit Verstehen (Unter-ihm-Stehen) können wir Leiden wirklich betrachten, es wirklich akzeptieren, wirklich halten und umarmen. Das ist also der zweite Aspekt: „Wir sollten Leiden verstehen."

Der dritte Aspekt der Ersten Edlen Wahrheit lautet: „Leiden ist verstanden worden." Wenn du mit Leiden wirklich praktiziert hast – indem du es anschaust, es akzeptierst, es erkennst und es sein lässt wie es ist –, dann erscheint der dritte Aspekt: „Leiden ist verstanden worden.", oder „*Dukkha* ist verstanden worden." Dies sind also die drei Aspekte der Ersten Edlen Wahrheit: „Da ist *dukkha*"; „Es sollte verstanden werden" und „Es ist verstanden worden".

So sieht das Schema der drei Aspekte jeder Edlen Wahrheit aus. Erst kommt eine Feststellung, dann die sich daraus ergebende Aufgabe und schließlich das Resultat des Praktizierens. Man kann sie auch im Sinne der Pali-Begriffe *pariyatti*, *patipatti* und *pativedha* betrachten. *Pariyatti* ist die Theorie oder die Feststellung: „Da ist Leiden." *Patipatti* ist die Praxis – das wirkliche Praktizieren damit; und *pativedha* ist das Ergebnis des Praktizierens. Dies nennen wir ein Modell zum Reflektieren; man entwickelt seinen Geist tatsächlich auf eine sehr reflektierende Weise. Ein Buddha-Geist ist ein betrachtender Geist, der Dinge sieht, wie sie sind.

Wir nutzen diese Vier Edlen Wahrheiten, um uns weiterzuentwickeln. Wir wenden sie auf gewöhnliche Dinge in unserem Leben an, auf gewöhnliche geistige Anhaftungen und fixe Ideen. Mit diesen Wahrheiten können wir unsere Anhaftungen untersuchen, um zu Einsichten zu gelangen. Die Dritte Edle Wahrheit hilft uns, das Aufhören, das Ende von Leiden zu erkennen und den Achtfachen Pfad zu praktizieren, bis zum Verstehen. Wenn der Achtfache Pfad vollständig entwickelt ist, ist man ein *Arahant*, hat man es geschafft. Auch wenn das vielleicht kompliziert klingt – vier Wahrheiten, je drei Aspekte, zwölf Einsichten –, ist es ziemlich einfach. Es handelt sich um ein Werkzeug, das wir als Hilfe benutzen, um Leiden und Nicht-Leiden zu verstehen.

In der buddhistischen Welt gibt es nicht mehr viele Buddhisten, die die Vier Edlen Wahrheiten nutzen, nicht einmal in Thailand. Die Leute sagen: „Ach ja, die Vier Edlen Wahrheiten – Anfängerkram!" Dann praktizieren sie vielleicht alle möglichen *Vipassana**-Techniken und sind ganz besessen von den 16 Stadien, bevor sie zu den Edlen Wahrheiten kommen. Ich finde es ziemlich erschreckend, dass diese wirklich tiefgründige Lehre in der buddhistischen Welt als Primitiv-Buddhismus abgetan wird: „Das ist für die kleinen Kinder, die Anfänger. Die Fortgeschrittenen dagegen ..." Sie ergehen sich in komplizierten Theorien und Ideen – und vergessen darüber die tiefgründigste aller Lehren.

Die Vier Edlen Wahrheitem bieten Stoff zum Nachdenken für ein ganzes Leben. Es geht nicht einfach darum, während eines Retreats die Vier Edlen Wahrheiten, ihre je drei Aspekte und die zwölf Einsichten zu erkennen und ein *Arahant* zu werden – und danach zu etwas Fortgeschrittenem überzugehen. Die Vier Edlen Wahrheiten sind nicht so einfach. Sie erfordern eine ständige Haltung der Wachsamkeit und sie liefern den Rahmen für eine lebenslange Selbstprüfung.

Erste Edle Wahrheit

Was ist die Edle Wahrheit von Leiden? Geburt ist Leiden, Altern ist Leiden, Krankheit ist Leiden und Tod ist Leiden. Vereint sein mit dem, was man nicht liebt, ist Leiden; Trennung von dem, was man liebt, ist Leiden; nicht bekommen, was man will, ist Leiden; kurz, die fünf Daseinsgruppen*, an denen angehaftet wird, sind Leiden.
Da ist diese Edle Wahrheit von Leiden. Dies war die Vision, Einsicht, Weisheit, das wahre Wissen und Licht, welche in mir aufstiegen über nie zuvor gehörte Dinge.
Diese Edle Weisheit muss durch vollständiges Verstehen von Leiden durchdrungen werden. Das war die Vision, Einsicht, Weisheit, das wahre Wissen und Licht, welche in mir aufstiegen über nie zuvor gehörte Dinge.
Diese Edle Wahrheit ist durch vollständiges Verstehen von Leiden durchdrungen worden. Das war die Vision, Einsicht, Weisheit, das wahre Wissen und Licht, welche in mir aufstiegen über nie zuvor gehörte Dinge.

Samyutta Nikāya (Gruppierte Sammlung) 56, 11

Die Erste Edle Wahrheit in ihren drei Aspekten lautet: „Da ist Leiden, *dukkha*. *Dukkha* sollte verstanden werden. *Dukkha* ist verstanden worden."

Das ist eine sehr hilfreiche Belehrung, weil sie in eine einfache Form gebracht ist, an die man sich leicht erinnert, und ausserdem lässt sie sich auch auf alles anwenden, das man in Hinblick auf Vergangenheit, Gegenwart und Zukunft erfahren, tun oder denken kann.

Leiden oder *dukkha* ist das Band, das uns alle verbindet. Jeder Mensch leidet, überall auf der Welt. In der Vergangenheit haben Menschen gelitten, im alten Indien, sie leiden im modernen Großbritannien, und auch in der Zukunft werden Menschen leiden. Was haben wir mit Königin Elisabeth gemeinsam? – wir leiden. Ein Obdachloser in Charing Cross, was haben wir mit dem gemeinsam? – Leiden. Es tritt in allen Schichten auf, von den privilegiertesten Menschen bis zu den verzweifeltsten und unterprivilegiertesten, und in allen Schichten, die dazwischen liegen. Jeder Mensch leidet, überall auf der Welt. Es ist ein Band, das uns miteinander verbindet, etwas, das wir alle kennen.

Wenn wir über unser menschliches Leiden sprechen, kommen unsere mitfühlenden Neigungen zum Vorschein. Doch wenn wir über unsere Meinungen sprechen, darüber, was ich über Politik und Religion denke und was du darüber denkst, dann sind wir fähig, einen Krieg anzuzetteln. Ich erinnere mich an einen Film, den ich in London vor etwa zehn Jahren sah. Er wollte das russische Volk auf menschliche Weise porträtieren, indem er russische Frauen mit Babies zeigte und russische Männer, die mit ihren Kindern zum Picknick gingen. Damals war diese Darstellung des russischen Volkes ungewöhnlich, weil die westliche Propaganda meist gigantische Monster oder kaltherzige, kriecherische Leute aus den Russen machte – und so sah man sie nie als Menschen. Wenn du Menschen töten willst, musst du sie auf diese Weise darstellen; du kannst schlecht jemanden töten, wenn du einsiehst, dass dieser genauso leidet wie du selbst. Du musst glauben, dass sie kaltherzig, unmoralisch, wertlos und schlecht sind, und dass es besser wäre, sie loszuwerden. Du musst glauben, dass sie böse sind, und dass es gut ist, das Böse loszuwerden. Mit dieser Haltung fühlst du dich dann wahrscheinlich berechtigt, mit Bomben oder Maschinengewehren gegen sie vorzugehen. Wenn du aber unser gemeinsames Band des Leidens im Auge behältst, wirst du wahrscheinlich unfähig sein, so etwas zu tun.

Die Erste Edle Wahrheit ist keine trostlose metaphysische Aussage, die behauptet, dass alles Leiden sei. Bedenke, dass ein Unterschied besteht zwischen einer metaphysischen Doktrin, in der man eine Aussage über das Absolute macht, und einer Edlen Wahrheit, die eine Art Betrachtung ist. Eine Edle Wahrheit ist eine Wahrheit, über die man reflektieren kann; sie ist keine absolute Wahrheit, sie ist nicht das Absolute. An dieser Stelle tritt für Menschen aus dem Westen oft ein Missverständnis auf, weil sie diese Edle Wahrheit als eine Art metaphysischer Wahrheit des Buddhismus interpretieren – doch so war sie nie gemeint.

Dass die Erste Edle Wahrheit keine absolute Aussage ist, kannst du an der Vierten Edlen Wahrheit erkennen, die den Weg des Nicht-Leidens darstellt. Es kann nicht das absolute Leiden geben und dann einen Ausweg daraus, oder? Das macht keinen Sinn. Trotzdem werden manche Leute die Erste Edle Wahrheit herauspicken und behaupten, der Buddha habe gelehrt, dass alles Leiden sei.

Das Pali-Wort *dukkha* bedeutet „nicht in der Lage zufriedenzustellen" oder „nicht fähig, irgend etwas zu ertragen oder ihm standzuhalten": im ständigen Wandel, nicht in der Lage, uns wirklich zu erfüllen oder glücklich zu machen. So ist die sinnliche Welt, eine Schwingung in der Natur. Tatsächlich wäre es schrecklich, wenn wir in der Sinnes-Welt Befriedigung fänden, denn dann suchten wir nicht nach dem, was über sie hinausgeht; wir blieben an sie gebunden. Doch wenn wir zu diesem *dukkha* erwachen, beginnen wir, den Ausweg zu finden, so dass wir nicht länger ständig in unserem Sinnes-Bewusstsein gefangen sind.

Leiden und Selbstsicht

Es ist wichtig, sich Gedanken über die Formulierung der Ersten Edlen Wahrheit zu machen. Sie ist sehr klar formuliert: „Da ist Leiden" und nicht „Ich leide." Psychologisch gesehen ist diese Betrachtung eine geschicktere Art der Formulierung. Normalerweise interpretieren wir unser Leiden eher so: „Ich leide wirklich. Ich habe so viel zu leiden – und ich will nicht leiden." Auf diese Art ist unser Denken konditioniert.

„Ich leide" vermittelt immer den Eindruck: „Ich bin jemand, der viel leidet. Dieses Leiden ist meines; ich habe in meinem Leben viel zu leiden gehabt." Damit kommt der ganze Prozess in Gang, die Assoziation mit dem Selbst und der Erinnerung. Du erinnerst dich daran, was geschah, als du ein Baby warst..., und so weiter.

Beachte dagegen, dass wir nicht sagen, es gäbe jemanden, der Leiden hat. Es ist kein persönliches Leiden mehr, wenn wir es als „Da ist Leiden" betrachten. Es ist nicht: „Oh, ich Armer, warum muss ich so viel leiden? Womit habe ich das verdient? Warum muss ich alt werden? Warum muss ich mich mit Sorgen, Schmerzen, Kummer und Verzweiflung plagen? Das ist nicht gerecht! Ich will das nicht. Ich will nichts als Glück und Sicherheit." Diese Art des Denkens kommt aus der Unwissenheit, die alles kompliziert macht und zu Persönlichkeitsproblemen führt.

Um Leiden loszulassen, müssen wir es in unser Bewusstsein hereinlassen. In der buddhistischen Meditation jedoch geschieht dieses Hereinlassen nicht aus der Haltung des *„Ich leide"*, sondern „Leiden ist gegenwärtig vorhanden" heraus, weil wir nicht versuchen, uns mit dem Problem zu identifizieren, sondern einfach anerkennen, dass es ein Problem gibt. Formulierungen wie „Ich bin ein zorniger Mensch; ich werde so leicht zornig; wie kann ich das loswerden?" sind nicht hilfreich, weil solche Gedanken all die unterschwelligen Täuschungen befördern, dass es da ein Selbst gäbe, und es ist dann sehr schwer, den richtigen Blickwinkel dafür zu finden. Alles wird sehr verworren, weil das Gefühl von meinem Problem oder meinen Gedanken uns sehr schnell dazu bringt, diese Dinge zu unterdrücken oder zu beurteilen und uns selbst zu kritisieren. Wir neigen eher zum Festhalten und Identifizieren als zum Beobachten, Bezeugen und Verstehen der Dinge, wie sie sind. Wenn du einfach anerkennst, dass da dieses Gefühl von Verwirrung ist, dass Gier oder Zorn gegenwärtig ist, dann ist das eine ehrliche Betrachtung dessen, wie die Dinge sind, und damit hast du all die unterschwelligen Täuschungen ausgeräumt – oder zumindest abgeschwächt.

Also halte an diesen Dingen nicht als persönlichen Fehlern fest, sondern bleibe dabei, diese Bedingungen als unbeständig, unbefriedigend und unpersönlich zu kontemplieren. Bleibe dabei, sie so zu betrachten, sie so zu sehen, wie sie sind. Die Tendenz ist, Leben vom Standpunkt aus zu betrachten, dass dies *meine* Probleme seien, und dass es besonders ehrlich und direkt sei, dies einzugestehen. Dann tendiert unser Leben dazu, uns darin zu bestätigen, weil wir weiterhin von dieser falschen Grundannahme ausgehen. Aber auch diese Sichtweise ist unbeständig, unbefriedigend und unpersönlich.

„Da ist Leiden" ist eine sehr klare, präzise Bestätigung, dass in diesem Moment ein Gefühl des Unglücklichseins vorhanden ist. Es kann von Qual und Verzweiflung bis hin zu leichter Verärgerung reichen; *dukkha* bedeutet nicht unbedingt schweres Leiden. Das Leben muss dich nicht brutal behandelt haben; du musst nicht in Auschwitz oder Bergen-Belsen gewesen sein, um sagen zu können, dass es Leiden gibt. Sogar Königin Elisabeth könnte sagen: „Da ist Leiden." Ich bin sicher, dass sie Momente großer Qual und Verzweiflung kennt, oder zumindest ärgerliche Momente.

Die Sinnes-Welt ist eine Welt der Empfindungen. Das bedeutet, dass du ständig Vergnügen und Schmerz ausgesetzt bist und dem Dualismus von *Samsāra**. Es ist, als befände man sich in etwas sehr Verwundbarem, und als würde man alles aufgreifen, das gerade mit diesem Körper und seinen Sinnen in Kontakt kommt. So ist es. Das ist das Ergebnis von Geburt.

Ablehnung von Leiden

Leiden ist etwas, wovon wir gewöhnlich nichts wissen wollen – wir wollen es nur loswerden. Sobald Unannehmlichkeiten oder Ärger auftauchen, wird ein unerwachtes menschliches Wesen gewöhnlich versuchen, diese loszuwerden oder zu unterdrücken. Man kann verstehen, warum die moderne Gesellschaft so damit beschäftigt ist, Vergnügen oder Freude in allem zu suchen, was neu, aufregend oder romantisch ist. Wir betonen gern die Schönheit und das Vergnügen der Jugend, während die hässliche Seite des Lebens – Alter, Krankheit, Tod, Langeweile, Verzweiflung und Depression - beiseite geschoben wird. Wenn wir uns mit etwas konfrontiert finden, das wir nicht mögen, versuchen wir, davon wegzukommen und uns etwas

Anderem zuzuwenden, das uns gefällt. Wenn wir uns langweilen, suchen wir uns etwas Interessantes. Wenn wir uns fürchten, versuchen wir, Sicherheit zu finden. Das ist ein völlig normales Verhalten. Wir sind mit diesem Lust-/Unlust-Prinzip von Anziehung und Abstossung verknüpft. Wenn der Geist sich also nicht in einem Zustand des Erfülltseins und der Aufnahmebereitschaft befindet, dann ist er wählerisch – er wählt, was ihm gefällt, und versucht zu unterdrücken, was ihm nicht gefällt. Ein Großteil unserer Erfahrung muss unterdrückt werden, weil Vieles, mit dem wir unweigerlich in Berührung kommen, auf irgendeine Art unangenehm ist.

Wenn etwas Unangenehmes aufkommt, sagen wir: „Geh weg!" Wenn uns jemand in die Quere kommt, sagen wir: „Bring ihn um!" Diese Haltung wird oft im Handeln unserer Regierungen offenbar. – Ist es nicht erschreckend, wenn man an die Sorte von Menschen denkt, die unsere Länder regieren? – Denn sie sind noch äußerst unwissend und unerleuchtet. Aber so ist es. Der unwissende Geist denkt an Vernichtung: „Da ist eine Mücke; schlag sie tot!" „Diese Ameisen sind im Begriff, das Zimmer in Besitz zu nehmen; sprühe Ameisengift auf sie!" In Großbritannien gibt es eine Firma namens Rent-o-Kil (was man übersetzen kann mit: Mieten-zum-Töten). Ich weiß nicht, ob es sich dabei um eine Art britische Mafia handelt, jedenfalls ist sie auf das Töten von Ungeziefer spezialisiert – wie immer man das Wort „Ungeziefer" interpretieren will.

Ethik und Mitgefühl

Deshalb brauchen wir Regeln wie „Ich will mich des absichtlichen Tötens enthalten", weil es in unserer instinktgesteuerten Natur liegt zu töten: Wenn es im Wege ist, töte es. Das kann man am Tierreich beobachten. Wir sind selbst recht räuberische Geschöpfe, wir halten uns für zivilisiert, aber wir haben eine wirklich blutige Vergangenheit – im wahrsten Sinne des Wortes. Sie ist angefüllt mit endlosen Gemetzeln und Rechtfertigungen für alle möglichen Schandtaten gegen andere Menschen – ganz abgesehen von denen gegen Tiere – und das alles wegen dieser grundlegenden Unwissenheit, diesem nicht reflektierenden menschlichen Geist, der uns dazu bringt, alles zu vernichten, was uns im Wege ist.

Durch Nachdenken jedoch können wir das ändern, damit transzendieren wir dieses instinktgesteuerte, animalische Muster. Wir sind nicht mehr nur gesetzestreue Marionetten der Gesellschaft, die aus Angst vor Strafe sich nicht trauen zu töten. Jetzt übernehmen wir wirklich Verantwortung. Wir respektieren das Leben anderer Wesen, sogar das Leben von Insekten und Kreaturen, die wir nicht mögen. Niemand wird jemals Mücken oder Ameisen wirklich gern haben, doch wir können über die Tatsache reflektieren, dass auch sie ein Recht auf Leben haben. Das ist eine geistige Betrachtung, nicht bloß eine Reaktion: „Wo ist das Insekten-Spray?" Auch ich sehe es nicht gern, wenn Ameisen über meinen Fussboden krabbeln. Meine unmittelbare Reaktion ist: „Wo ist das Insekten-Spray?" Aber der reflektierende Geist macht mir dann klar, dass diese Kreaturen mich zwar stören, und es mir lieber wäre, sie würden verschwinden, dass sie aber dennoch ein Existenzrecht haben. Das ist eine Betrachtung des menschlichen Geistes.

Das Gleiche gilt für unangenehme Geisteszustände. Wenn wir also merken, dass Wut aufsteigt, sagen wir nicht „Oje, jetzt bin ich schon wieder wütend!", sondern wir reflektieren: „Da ist Wut." Ebenso bei Angst – wenn du anfängst, sie als die Angst deiner Mutter oder die Angst deines Vaters oder die Angst des Hundes oder als deine eigene Angst anzusehen, dann wird alles zu einem klebrigen Netz aus verschiedenen Geschöpfen, die auf irgendeine Art miteinander in Beziehung stehen und auf eine andere Art wieder nicht, und es wird schwierig, zu einem echten Verständnis zu kommen. Und doch ist die Angst in diesem Wesen und die Angst in jenem räudigen Köter die gleiche. „Da ist Angst." Nichts weiter. Die Angst, die ich erlebt habe, unterscheidet sich nicht von der Angst, die andere haben. Hier haben wir also Mitgefühl, sogar für räudige, alte Köter. Wir verstehen, dass Angst für räudige Köter genauso schrecklich ist wie für uns. Ob ein Hund mit einem schweren Stiefel getreten wird, oder ob du mit einem schweren Stiefel getreten wirst, das Gefühl des Schmerzes ist das gleiche. Schmerz ist einfach Schmerz, Kälte ist einfach Kälte, Wut ist einfach Wut. Es ist nicht mein Schmerz, sondern: „Da ist Schmerz." Dies ist ein sinnvoller Gebrauch des Denkens, der uns hilft, die Dinge klarer zu sehen, anstatt die persönliche Sichtweise zu verstärken. Wenn wir den Zustand von Leiden klar erkennen – dass da Leiden ist –, dann ergibt sich als Ergebnis daraus die zweite Einsicht dieser Ersten Edlen Wahrheit: „Es sollte verstanden werden." Dieses Leiden soll untersucht werden.

Leiden untersuchen

Ich ermutige jeden zum Versuch, *dukkha* zu verstehen, sich Leiden wirklich anzusehen, sich ihm zu stellen und es zu akzeptieren. Versuche es zu verstehen, wenn du körperliche Schmerzen fühlst oder Verzweiflung und Qual oder Hass und Abneigung – welche Form, welche Beschaffenheit es auch annimmt, ob es extrem oder geringfügig ist. Diese Belehrung soll nicht bedeuten, dass du zutiefst und absolut unglücklich sein musst, um Erleuchtung zu erfahren. Dir muss nicht alles weggenommen worden sein, du musst nicht auf der Folterbank gequält worden sein. Es geht darum, in der Lage zu sein, Leiden zu betrachten, auch wenn es sich nur um ein leichtes Gefühl der Unzufriedenheit handelt, und es zu verstehen.

Es ist leicht, einen Sündenbock für unsere Probleme zu finden. „Wenn meine Mutter mich wirklich geliebt hätte, oder wenn alle um mich herum wahrhaft weise gewesen wären und alles dafür getan hätten, mir eine ideale Umwelt zu schaffen, dann hätte ich nicht die emotionalen Probleme, die ich jetzt habe." Das ist wirklich albern! Aber genau so betrachten einige Menschen die Welt. Sie glauben, dass sie verwirrt und unglücklich sind, weil sie ungerecht behandelt wurden. Aber mit dieser Formel der Ersten Edlen Wahrheit – selbst wenn unser Leben bis jetzt ziemlich erbärmlich gewesen ist – schauen wir nicht auf das Leiden, das von da draußen kommt, sondern darauf, was wir in unserem eigenen Geist daraus machen. Das ist ein Erwachen eines Menschen – ein Erwachen zur Wahrheit von Leiden. Und es ist eine Edle Wahrheit, weil sie nicht mehr Andere für das Leiden, welches wir erfahren, verantwortlich macht. Damit ist der buddhistische Ansatz ziemlich einzigartig im Vergleich mit anderen Religionen, weil die Betonung auf dem Ausweg aus Leiden mithilfe von Weisheit liegt, mit Hilfe von Freiheit von Täuschung, anstatt durch das Erlangen irgend eines glückseligen Zustands oder der Einheit mit dem Höchsten.

Damit will ich nicht sagen, dass Andere niemals die Quelle unserer Frustration oder Verärgerung sind, aber worauf ich mit dieser Belehrung hindeuten will, ist unsere eigene Reaktion auf das Leben. Wenn jemand gemein zu dir ist und absichtlich und böswillig versucht, dir Leid zuzufügen, und du glaubst, dass es dieser Mensch sei, der dich leiden macht, dann hast du diese Erste Edle Wahrheit noch nicht verstanden. Selbst wenn er dir die Fingernägel ausreißt oder dir andere schreckliche Dinge zufügt – solange du glaubst, dass du dieses Menschen wegen leidest, hast du diese Erste Edle Wahrheit nicht verstanden. Leiden zu verstehen bedeutet, klar zu sehen, dass es unsere Reaktion auf den Menschen ist, der uns die Fingernägel ausreißt: „Ich hasse dich" – diese Reaktion ist Leiden. Das Ausreißen der Fingernägel selbst ist schmerzhaft, doch zum Leiden gehört: „Ich hasse dich!", und: „Wie kannst du mir das antun?", und: „Das werde ich dir nie verzeihen."

Du solltest jetzt aber nicht darauf warten, dass dir jemand die Fingernägel ausreißt, um mit der Ersten Edlen Wahrheit zu praktizieren. Versuche es mit kleinen Dingen, zum Beispiel mit jemandem, der gefühllos oder grob zu dir ist oder dich nicht beachtet. Wenn du leidest, weil dieser Mensch dich irgendwie gekränkt oder beleidigt hat, kannst du damit arbeiten. Es gibt viele Gelegenheiten im täglichen Leben, in denen wir beleidigt oder gekränkt sein können. Wir können einfach von der Art, wie jemand geht oder aussieht, genervt oder gereizt sein – zumindest kann das mir passieren. Manchmal kannst du wahrnehmen, dass du Abneigung verspürst nur wegen der Art, wie jemand geht, oder weil er nicht das tut, was er sollte – man kann sehr ärgerlich oder wütend über solche Dinge werden. Der Mensch hat dir nicht wirklich geschadet oder dir auch nur annähernd so etwas angetan, wie die Fingernägel auszureißen, aber dennoch leidest du. Wenn du es nicht schaffst, Leiden in solchen einfachen Fällen zu betrachten, wirst du den Heldenmut dazu erst recht nicht aufbringen, wenn dir tatsächlich einmal jemand die Fingernägel ausreißen sollte!

Wir arbeiten mit den kleinen Unzufriedenheiten im ganz gewöhnlichen Leben. Wir betrachten die Art, wie wir verletzt und beleidigt oder verärgert und gereizt sein können: von den Nachbarn, von den Menschen, mit denen wir zusammenleben, von Mrs. Thatcher, davon, wie Dinge sind, oder von uns selbst. Wir wissen, dass dieses Leiden verstanden werden sollte. Wir praktizieren, indem wir Leiden wirklich als Objekt betrachten und verstehen: „Das ist Leiden." So kommen wir zum einsichtsvollen Verstehen von Leiden.

Vergnügen und Missvergnügen

Wir können uns fragen: „Wohin hat uns die hedonistische Suche nach Vergnügen als Selbstzweck gebracht?" Sie hält jetzt seit einigen Jahrzehnten an, aber ist die Menschheit deshalb irgendwie glücklicher? Es scheint, dass uns heutzutage das Recht und die Freiheit gegeben sind, alles zu tun, was wir wollen, in Hinsicht auf Drogen, Sex, Reisen usw. – alles ist möglich, alles ist erlaubt; nichts ist verboten. Man muss schon etwas wirklich Obszönes, etwas wirklich Brutales tun, bevor man geächtet wird. Aber hat die Möglichkeit, unseren Impulsen zu folgen, uns irgendwie glücklicher oder entspannter und zufriedener gemacht? Tatsächlich hat sie dazu geführt, uns sehr selbstsüchtig zu machen. Wir denken nicht darüber nach, wie sich unser Handeln auf andere Menschen auswirken mag. Wir neigen dazu, nur an uns selbst zu denken: ich und *mein* Glück, *meine* Freiheit und *meine* Rechte. So werde ich zu einer furchtbaren Plage, einer Quelle grosser Frustration, des Ärgers und Kummers für die Menschen um mich herum. Wenn ich glaube, ich könne alles tun, was ich will, oder alles sagen, was mir in den Sinn kommt, auch auf Kosten Anderer, dann bin ich ein Mensch, der nichts anderes ist als eine Plage für die Gesellschaft.

Wenn das Gefühl von „was *ich* will" und „was *meiner* Meinung nach sein oder nicht sein sollte" auftaucht, und wir alle Vergnügungen, die das Leben bietet, mitnehmen wollen, werden wir unausweichlich ärgerlich, weil das Leben so hoffnungslos und alles dabei schiefzugehen scheint. Wir werden vom Leben regelrecht hin- und hergeworfen – wir rennen abwechselnd im Zustand der Angst oder des Verlangens herum. Und selbst wenn wir alles bekommen, was wir wollen, werden wir glauben, dass da noch etwas fehlt, noch unvollständig ist. Also auch dann, wenn unser Leben bestens läuft, ist da immer noch ein Gefühl von Leiden – etwas, das noch getan werden muss, irgendeine Art von Zweifel oder Angst, die uns verfolgt.

Ich hatte beispielsweise immer eine Vorliebe für schöne Landschaften. Als ich einen Retreat in der Schweiz leitete, nahm man mich einmal in eine wunderschöne Berglandschaft mit, und mir fiel auf, dass da immer ein Gefühl von Qual in meinem Geist war – um mich herum war so viel Schönheit, eine ständige Folge schöner Aussichten. Ich hatte das Gefühl, alles festhalten zu wollen, die ganze Zeit wachsam sein zu müssen, um alles mit den Augen aufnehmen zu können. Es hat mich wirklich ermüdet! Wenn das nicht *dukkha* war!

Wenn ich Dinge unachtsam mache – sogar etwas ganz Harmloses wie das Betrachten schöner Berge –, wenn ich meine Aufmerksamkeit einfach nach außen verlagere und etwas festhalten möchte, bringt das immer ein unangenehmes Gefühl mit sich. Wie könnte es auch möglich sein, die Jungfrau oder den Eiger festzuhalten? Das beste, was man tun kann, ist, ein Foto zu machen, zu versuchen, alles auf einem Blatt Papier festzuhalten. Das ist *dukkha,* wenn man an etwas Schönem festhalten möchte, weil man sich nicht davon trennen will, das ist Leiden.

Sich in Situationen aufhalten zu müssen, die man nicht mag, ist auch Leiden. Zum Beispiel mochte ich in London nie mit der U-Bahn fahren. Manchmal beschwerte ich mich darüber: „Ich will nicht U-Bahn fahren mit diesen grauenhaften Plakaten und schmuddeligen U-Bahn-Stationen. Ich will nicht in diese kleinen, unterirdischen Züge gezwängt werden." Für mich war das eine absolut unangenehme Erfahrung. Aber dann hörte ich dieser sich beschwerenden, jammernden Stimme zu – dem Leiden, dass man nicht mit etwas Unangenehmem sein will. Nachdem ich das so betrachtet hatte, hörte ich auf, mir etwas daraus zu machen, sodass ich das Unangenehme und Unschöne ertragen konnte, ohne darunter zu leiden. Mir wurde klar, dass es einfach so ist, und dass es völlig in Ordnung ist. Wir müssen keine Probleme machen – weder aus dem Aufenthalt auf einer schmuddeligen U-Bahn-Station, noch aus dem Betrachten einer schönen Landschaft. Die Dinge sind, wie sie sind, also können wir sie in ihrer veränderlichen Form erkennen und wertschätzen, ohne an ihnen zu haften. Anhaften ist der Wunsch, an etwas festzuhalten, das wir mögen; etwas loswerden zu wollen, das wir nicht mögen, oder etwas haben zu wollen, das wir nicht haben.

Auch in Bezug auf andere Menschen können wir ziemlich leiden. Ich erinnere mich, dass ich in Thailand ziemlich negativ über einen der Mönche dachte. Wenn er etwas tat, dachte ich sofort: „Er sollte das nicht tun!", oder wenn er etwas sagte: „Er sollte das nicht sagen!" Ich trug diesen Mönch ständig im Geiste mit mir herum, und selbst wenn ich woanders hinging, musste ich an ihn denken. Sein Bild erschien mir vor Augen, und ich hatte die gleichen Reaktionen: „Erinnerst du dich, wie er dieses sagte und wie er jenes tat?" und „Er hätte dies nicht sagen sollen, und er hätte jenes nicht tun sollen."

Nachdem ich einen Lehrer wie Ajahn Chah gefunden hatte, erinnere ich mich, wie ich wollte, dass er perfekt sei. Ich dachte mir: „Oh, er ist ein großartiger Lehrer – großartig!" Aber dann tat er vielleicht etwas, das mich ärgerte, und ich dachte: „Ich will nicht, dass er etwas tut, das mich ärgert, weil ich glauben möchte, dass er großartig ist." Das war, als ob ich gesagt hätte: „Ajahn Chah, sei für mich immer großartig! Und mache nie etwas, das meinem Geist einen schlechten Gedanken eingeben könnte." Also, selbst wenn du jemanden findest, den du wirklich respektierst und liebst, bleibt da immer noch das Leiden des Anhaftens. Es ist unausweichlich, dass auch dieser Mensch etwas tun oder sagen wird, das du nicht mögen oder gutheißen wirst, und das irgendwelche Zweifel in dir auslösen wird – und du wirst leiden.

Einmal kamen ein paar amerikanische Mönche nach Wat Pah Pong, in unser Kloster im Nordosten von Thailand. Sie waren sehr kritisch, und scheinbar sahen sie nur das, was nicht stimmte. Sie hielten Ajahn Chah für keinen sehr guten Lehrer und mochten das Kloster nicht. Ich fühlte große Wut und Hass aufsteigen, weil sie etwas kritisierten, das ich liebte. Ich war empört. „Also, wenn es euch nicht gefällt, dann haut doch ab! Er ist der beste Lehrer auf der Welt, und wenn ihr das nicht sehen könnt, dann RAUS!" Diese Art von Anhaften – sich in einem Zustand der Liebe oder Hingabe zu befinden – ist Leiden, denn wenn etwas, das wir lieben, oder jemand, den wir lieben oder gern mögen, kritisiert wird, dann verspüren wir Wut und Empörung.

Einsicht in Situationen

Einsicht entsteht manchmal, wenn wir sie am wenigsten erwarten. Das passierte mir, als ich in Wat Pah Pong lebte. Der nordöstliche Teil Thailands ist mit seinen Buschwäldern und platten Ebenen nicht der schönste und wünschenswerteste Ort der Welt. Außerdem wird es während der heißen Jahreszeit extrem heiß. Vor jedem *Uposatha*-Feiertag* mussten wir in die Nachmittagshitze hinausgehen und das Laub von den Wegen fegen. Es war ein riesiges Gelände, das zu fegen war. Wir benötigten den ganzen Nachmittag, in der prallen Sonne schwitzend, um die Blätter mit primitiven Besen zu Haufen zusammenzufegen. Das war eine unserer Pflichten. Ich mochte diese Arbeit nicht. Ich dachte: „Ich will das nicht tun. Ich bin nicht hergekommen, um das Laub vom Boden zu fegen. Ich bin hier hergekommen, um erleuchtet zu werden – und stattdessen lassen sie mich Laub vom Boden fegen. Außerdem ist es heiß und ich bin hellhäutig, ich könnte vom Aufenthalt hier draußen im heißen Klima Hautkrebs bekommen."

Eines Nachmittags, als ich da draußen stand und mich wirklich elend fühlte, dachte ich: „Was mache ich hier? Warum bin ich hergekommen? Warum bleibe ich hier?" Da stand ich mit meinem langen, primitiven Besen und ohne jede Energie, tat mir selbst leid und hasste alles. Dann kam Ajahn Chah vorbei, lächelte mich an und sagte: „Wat Pah Pong bedeutet viel Leiden, nicht wahr?" und ging weg. Da fragte ich mich: „Warum hat er das gesagt?", und: „In Wirklichkeit weißt du, dass es gar nicht so schlimm ist." Er brachte mich zum Kontemplieren: „Ist das Laubfegen wirklich so unangenehm? – Nein! Es ist eine neutrale Tätigkeit. Du kehrst Blätter zusammen, und es spielt keine Rolle. – Ist Schwitzen gar so schrecklich? Ist es wirklich eine grässliche, demütigende Erfahrung? Ist es wirklich so schlimm, wie ich mir das einbilde? Nein! Schwitzen ist in Ordnung, es ist eine vollkommen natürliche Angelegenheit. Und ich habe keinen Hautkrebs, und die Leute in Wat Pah Pong sind sehr nett. Der Lehrer ist ein sehr freundlicher, weiser Mann. Die Mönche haben mich gut behandelt. Die Laien kommen und geben mir zu essen, und – worüber beschwere ich mich eigentlich?"

Als ich mir die ganz reale Erfahrung meines Lebens dort durch den Kopf gehen ließ, dachte ich: „Mir geht's gut. Die Leute respektieren mich, ich werde gut behandelt. Ich werde von angenehmen Menschen unterrichtet, und das Land ist sehr angenehm. Es gibt wirklich an nichts etwas auszusetzen, außer an mir. Ich mache ein Problem daraus, weil ich nicht schwitzen will und kein Laub kehren will." Dann hatte ich eine sehr klare Einsicht. Ich nahm plötzlich etwas in mir wahr, das immerzu nörgelte und kritisierte und das mich davon abhielt, mich jemals einer Sache zu widmen oder mich einer Situation ganz hinzugeben.

Eine weitere Erfahrung, aus der ich lernen konnte, war der Brauch, den Senior-Mönchen die Füße zu waschen, wenn sie vom Almosengang zurückkamen. Nachdem sie barfuß durch die Dörfer und Reisfelder gewandert waren, waren ihre Füße gewöhnlich mit Schlamm beschmutzt. Vor der Esshalle befanden sich kleine Fußbecken. Sobald Ajahn Chah auftauchte, eilten sämtliche Mönche – vielleicht zwanzig oder dreißig – hinaus, um Ajahn Chahs Füße zu waschen. Als ich das zum ersten mal sah, dachte ich: „Ich werde das nicht tun – ich nicht!" Dann am nächsten Tag eilten dreißig Mönche hinaus, sobald Ajahn Chah erschien, und wuschen ihm die Füße. – Ich dachte: „Was für ein blödes Getue! Dreißig Mönche, die einem Mann die Füße waschen. Das werde ich nicht tun." Am darauffolgenden Tag wurde meine Reaktion sogar noch heftiger. Dreißig Mönche eilten hinaus und wuschen Ajahn Chahs Füße. „Das ärgert mich wirklich, ich habe es satt! Das ist das Blödeste, das ich jemals gesehen habe – dreißig Männer gehen raus, um einem Mann die Füße zu waschen. Wahrscheinlich glaubt er, das verdient zu haben – das baut sein Ego richtig auf. Er hat wahrscheinlich ein riesiges Ego, wenn ihm so viele Leute jeden Tag die Füße waschen. Ich werde das niemals tun!"

Ich fing an, eine starke Reaktion aufzubauen, eine Überreaktion. Da saß ich und fühlte mich wirklich elend und wütend. Ich sah zu den Mönchen und dachte mir: „Mir kommen die alle blöd vor. Ich weiss nicht, was ich hier verloren habe."

Aber dann begann ich, genau hinzuhören, und ich dachte: „Das ist jetzt wirklich eine unangenehme Geistesverfassung. Ist es wirklich etwas, worüber ich mich aufregen sollte? Mich haben sie nicht gezwungen, es zu tun. Es ist in Ordnung, es ist kein Fehler, wenn dreißig Männer einem Mann die Füße waschen. Es ist weder unmoralisch, noch schlechtes Benehmen, und vielleicht genießen sie es, vielleicht wollen sie es tun – vielleicht ist es in Ordnung. Vielleicht sollte ich es tun!" Am nächsten Morgen rannten also einunddreißig Mönche hinraus und wuschen Ajahn Chahs Füße. Danach war das Problem verschwunden. Ich fühlte mich wirklich gut. Das übelgelaunte Ding in mir war verstummt.

Wir können über diese Dinge, die Empörung und Wut in uns auslösen, reflektieren. Ist es wahr, dass mit ihnen etwas nicht stimmt, oder ist es etwas, aus dem wir selbst *dukkha* machen? Dann fangen wir an, die Probleme zu verstehen, die wir in unserem Leben schaffen und im Leben der Menschen, die uns umgeben.

Mit Achtsamkeit sind wir bereit, alles im Leben zu tolerieren. Die Aufregung und die Langeweile, das Vernügen und den Schmerz, die Faszination und die Lustlosigkeit, den Anfang und das Ende, die Geburt und den Tod. Wir sind bereit, das Ganze im Geist zu akzeptieren, anstatt nur das Angenehme in uns aufzusaugen und das Unangenehme zu unterdrücken. Der Prozess der Einsicht ist die Hinwendung zu *dukkha*, das Betrachten von *dukkha*, das Zulassen von *dukkha*, das Erkennen von *dukkha* in all seinen Formen. Dann reagierst du nicht länger einfach auf gewohnte Weise, indem du dich entweder deinen Neigungen hingibst oder sie unterdrückst. Und deshalb kannst du dann Leiden besser tolerieren, du kannst ihm gegenüber geduldiger sein.

Diese Belehrungen beziehen sich nicht auf Dinge, die außerhalb unserer Erfahrung liegen. In Wirklichkeit sind sie Betrachtungen unserer aktuellen Erfahrungen – keine komplizierten, intellektuellen Themen. Gib dir also wirklich Mühe, dich weiterzuentwickeln anstatt im alten Trott stecken zu bleiben. Wie oft musst du dich schuldig fühlen wegen eines Reinfalls oder der Fehler, die du in der Vergangenheit gemacht hast? Musst du deine gesamte Zeit damit verbringen, die Dinge, die dir im Leben passiert sind, wiederzukäuen, und dich endlosen Spekulationen und Analysen hinzugeben? Manche Menschen machen so komplizierte Persönlichkeiten aus sich. Wenn du nur deinen Erinnerungen und Sichtweisen und Überzeugungen frönst, dann wirst du immer in der Welt stecken bleiben und niemals in irgendeiner Weise über sie hinausgehen.

Du kannst diese Last loslassen, wenn du bereit bist, die Belehrungen sinnvoll anzuwenden. Sage dir: „Ich werde nicht länger darin gefangen bleiben. Ich weigere mich, an diesem Spiel teilzunehmen. Ich werde mich dieser Stimmung nicht hingeben." Fange an, dich in die Position des Erkennens zu begeben: „Ich weiß, dies ist *dukkha*, da ist *dukkha*." Es ist wirklich wichtig, diesen Vorsatz zu fassen, sich dort hinzuwenden, wo das Leiden ist, und es dann auszuhalten. Nur dadurch, dass wir Leiden auf diese Weise untersuchen und konfrontieren, können wir hoffen, zu der großen Einsicht zu gelangen: „Dieses Leiden ist verstanden worden."

Dies sind also die drei Aspekte der Ersten Edlen Wahrheit. Dies ist die Formel, mit der wir arbeiten und die wir bei der Betrachtung unseres Lebens anwenden müssen. Wann immer du Leiden empfindest, beginne mit der Erkenntnis: „Da ist Leiden." Dann: „Es sollte verstanden werden." Und schließlich: „Es ist verstanden worden." Dieses Verstehen von *dukkha* ist die Einsicht in die Erste Edle Wahrheit.

Die Zweite Edle Wahrheit

Was ist die Edle Wahrheit vom Ursprung von Leiden? Es ist Verlangen, das erneutes Dasein bringt und das von Vergnügen und Begierde begleitet ist, sich an diesem und jenem vergnügend: nämlich Verlangen nach Sinnesvergnügen, Verlangen nach Dasein und Verlangen nach Nicht-Dasein. Aber woraus entsteht und gedeiht dieses Verlangen? Wo immer es etwas gibt, das liebenswert und befriedigend erscheint, daraus entsteht und gedeiht es.
Da ist die Edle Wahrheit vom Ursprung von Leiden. Dies war die Vision, Einsicht, Weisheit, das wahre Wissen und Licht, welche in mir aufstiegen über nie zuvor gehörte Dinge.
Zu dieser Edlen Wahrheit muss durch das Aufgeben des Ursprungs von Leiden durchgedrungen werden [...]
Zu dieser Edlen Wahrheit ist durch das Aufgeben des Ursprungs von Leiden durchgedrungen worden: Dies war die Vision, Einsicht, Weisheit, das wahre Wissen und Licht, welche in mir aufstiegen über nie zuvor gehörte Dinge.

Samyutta Nikāya 56, 11

Die Zweite Edle Wahrheit in ihren drei Apekten lautet: „Da ist der Ursprung von Leiden, nämlich das Anhaften an Verlangen. Verlangen sollte losgelassen werden. Verlangen ist losgelassen worden."

Die Zweite Edle Wahrheit sagt, dass Leiden einen Ursprung hat, und dass der Ursprung von Leiden Anhaften an den drei Arten von Verlangen ist: Verlangen nach Sinnesfreuden *(kāma tanhā)*, Verlangen nach Werden *(bhava tanhā)* und Verlangen nach

Loswerden *(vibhava tanhā)*. Das ist die Aussage der Zweiten Edlen Wahrheit, die These, der *pariyatti*. Das ist deine Kontemplation: Der Ursprung von Leiden ist Anhaften an Verlangen.

Drei Arten von Verlangen

Es ist wichtig, Verlangen (oder *tanhā* in Pali) zu verstehen. Was ist Verlangen? *Kāma tanhā* ist sehr leicht zu verstehen. Diese Art des Verlangens will Sinnesfreuden über den Körper oder die anderen Sinne und ist immer auf der Suche nach Dingen, welche die Sinne erregen oder erfreuen – das ist *kāma tanhā*. Du kannst das wirklich kontemplieren: Wie fühlt es sich an, wenn du Verlangen nach Vergnügen hast? Zum Beispiel beim Essen. Wenn du hungrig bist und das Essen köstlich schmeckt, dann kannst du dir dessen bewusst sein, dass du noch einen Bissen möchtest. Nimm das Gefühl wahr, wenn du etwas Angenehmes schmeckst; und nimm wahr, wie du mehr davon willst. Glaube das nicht einfach; probiere es aus. Glaube nicht, du wüsstest es, weil es in der Vergangenheit so war. Probiere es aus, wenn du isst. Schmecke etwas Köstliches und schau, was passiert. Es entsteht ein Verlangen nach mehr. Das ist *kāma tanhā*.

Wir kontemplieren auch das Gefühl, etwas werden zu wollen. Wenn Unwissenheit da ist und wir nicht gerade etwas Leckeres zu essen oder nach schöner Musik suchen, können wir in einem Reich von Ehrgeiz und Erreichenwollen gefangen sein – dem Verlangen nach *Werden*. Wir verfangen uns in dieser Bewegung des Strebens nach Glück, der Suche nach Reichtum. Oder vielleicht versuchen wir, unserem Leben ein Gefühl von Bedeutsamkeit zu geben, indem wir uns bemühen, die Welt zu retten. Nimm also dieses Gefühl wahr, etwas anderes werden zu wollen als das, was du jetzt bist.

Höre auf *bhava tanhā* in deinem Leben: „Ich will meditieren, um frei von Schmerzen zu werden. Ich will erleuchtet werden. Ich will ein Mönch oder eine Nonne werden. Ich will als Laie erleuchtet werden. Ich will eine Fau und Kinder und einen Beruf haben. Ich will die sinnliche Welt genießen, ohne etwas aufgeben zu müssen, und außerdem ein erleuchteter *Arahant* werden."

Wenn wir bei unserem Versuch, etwas zu werden, desillusioniert werden, dann ist da das Verlangen, Dinge *loszuwerden*. Dann kontemplieren wir *vibhava tanhā,* das Verlangen nach Loswerden: „Ich will mein Leiden loswerden. Ich will meine Wut loswerden. Ich habe diese Wut, und ich will sie loswerden. Ich will Eifersucht, Furcht und Angst loswerden." Nimm das wahr als Betrachtung von *vibhava tanhā.* Wir kontemplieren wirklich das in uns, das Dinge loswerden will; wir versuchen nicht, *vibhava tanhā* loszuwerden. Wir beziehen weder Position gegen das Verlangen, Dinge loszuwerden, noch ermutigen wir dieses Verlangen. Stattdessen reflektieren wir: „So ist es; so fühlt es sich an, wenn man etwas loswerden will: Ich muss meiner Wut Herr werden, ich muss den Teufel umbringen und meine Gier loswerden – dann werde ich..." Aus diesem Gedankengang können wir ersehen, dass Werden und Loswerden in einem engen Zusammenhang stehen.

Behalte aber im Hinterkopf, dass diese drei Kategorien *kāma tanhā, bhava tanhā* und *vibhava tanhā* nur zweckdienliche Weisen der Kontemplation von Verlangen sind. Es handelt sich bei ihnen nicht um vollkommen getrennten Formen des Verlangens, sondern um dessen verschiedene Aspekte.

Die zweite Einsicht in die Zweite Edle Wahrheit lautet: „Verlangen sollte losgelassen werden." Auf diese Weise kommt Loslassen in unsere Praxis. Du hast eine Einsicht, dass Verlangen losgelassen werden soll, doch ist diese Einsicht nicht ein *Wunsch,* irgend etwas loszulassen. Wenn man nicht sehr weise ist und die Dinge nicht wirklich im Geiste reflektiert, dann folgt man dieser Neigung: „Ich will meine Begierden loswerden, ich will sie alle loslassen." Das aber ist nur ein erneutes Verlangen. Man kann es jedoch reflektieren, man kann das Verlangen nach Loswerden, das Verlangen nach Werden und das Verlangen nach Sinnesfreuden erkennen. Wenn man diese drei Arten von Verlangen versteht, kann man sie loslassen.

Die Zweite Edle Wahrheit verlangt nicht, dass du glaubst: „Ich habe viele sinnliche Begierden.", „Ich bin wirklich ehrgeizig. Ich bin wirklich *bhava tanhā* hoch drei!", oder: „Ich bin ein wahrer Nihilist. Ich will einfach raus. Ich bin ein echter *vibhava tanhā*-Fanatiker. Genau, das bin ich." Das entspricht nicht der Zweiten Edlen Wahrheit.

Es geht nicht darum, sich in irgendeiner Weise mit dem Verlangen zu identifizieren, es geht darum, Verlangen zu *erkennen*.

Ich verbrachte viel Zeit damit zu betrachten, wie sehr meine Praxis aus dem Wunsch, etwas zu werden, bestand. Wie viele der guten Absichten in meiner Meditationspraxis als Mönch waren zum Beispiel darauf gerichtet, gemocht zu werden – wie viele meiner Beziehungen zu anderen Mönchen und Nonnen oder zu Laien hatten mit dem Wunsch zu tun, gemocht und anerkannt zu werden. Das ist *bhava tanhā*—Verlangen nach Lob und Erfolg. Als Mönch hat man dieses *bhava tanhā:* Man möchte, dass die Menschen alles verstehen und den Dhamma zu schätzen wissen. Auch dieses subtile, beinahe edle Verlangen ist *bhava tanhā*.

Im spirituellen Leben gibt es *bhava tanhā,* das sehr selbstgerecht sein kann: „Ich will diese Verunreinigungen loswerden, auslöschen, ausrotten." Ich hörte mir wirklich bei solchen Gedanken zu: „Ich will Verlangen loswerden. Ich will Wut loswerden. Ich will nicht länger ängstlich oder eifersüchtig sein. Ich will tapfer sein. Ich will Freude und Fröhlichkeit im Herzen tragen."

Es geht in dieser Dhamma-Praxis nicht darum, sich für solche Gedanken zu hassen, sondern wirklich zu sehen, dass diese in den Geist hineinkonditioniert sind. Sie sind vergänglich. Verlangen ist nicht das, was wir sind, sondern die Art und Weise, in der wir gewöhnlich reagieren – weil wir unwissend sind, solange wir diese Vier Edlen Wahrheiten in ihren je drei Aspekten nicht verstanden haben. Wir neigen dazu, auf alles mit Verlangen zu reagieren. Das ist eine normale Reaktion, die auf Unwissenheit basiert.

Wir müssen aber nicht für ewig weiterleiden. Wir sind nicht einfach hoffnungslose Opfer des Verlangens. Wir können dem Verlangen erlauben, so zu sein, wie es ist, und dadurch beginnen, es loszulassen. Verlangen kann nur solange Macht über uns haben und uns täuschen, wie wir an ihm festhalten, an es glauben und darauf reagieren.

Festhalten ist Leiden

Gewöhnlich setzen wir Leiden mit Fühlen gleich, aber zu fühlen bedeutet nicht unbedingt zu leiden. Festhalten am Verlangen – das ist Leiden. Verlangen selbst verursacht kein Leiden; der Ursprung von Leiden ist das Festhalten von Verlangen. Reflektiere und kontempliere diese Aussage, indem du sie auf deine persönliche Erfahrung anwendest.

Du musst Verlangen wirklich untersuchen und erkennen, was es ist. Du musst wissen, was natürlich und zum Überleben notwendig ist und was nicht. Wir können sehr idealistisch sein und denken, dass sogar das Bedürfnis nach Nahrung eine Art von Verlangen sei, das wir nicht haben sollten. Man kann da zu ziemlich lächerlichen Auffassungen kommen. Aber der Buddha war kein Idealist und auch kein Moralist. Er hat nicht versucht, etwas zu verdammen. Er hat versucht, uns zur Wahrheit zu erwecken, damit wir Dinge klar erkennen können.

Sobald diese Klarheit und richtige Sichtweise da sind, gibt es kein Leiden mehr. Man kann immer noch Hunger verspüren. Man kann immer noch Nahrung brauchen, ohne dass es ein Verlangen wird. Nahrung ist ein natürliches Bedürfnis des Körpers. Der Körper ist Nicht-Selbst, er braucht Nahrung, sonst wird er sehr schwach und stirbt. Das ist die Natur des Körpers, daran ist nichts auszusetzen. Wenn wir sehr moralisch und hoch geistig werden und glauben, dass wir der Körper *sind,* dass Hunger unser persönliches Problem sei und wir nicht einmal essen sollten – das ist keine Weisheit, das ist Dummheit!

Wenn du den Ursprung von Leiden wirklich erkennst, wird dir klar, dass das Problem im Festhalten von Verlangen und nicht im Verlangen selbst liegt. Festhalten bedeutet, vom Verlangen getäuscht zu werden und zu glauben, dass es wirklich „ich" und „meins" sei:

„Dieses Verlangen bin ich, und weil ich es habe, stimmt was nicht mit mir." Oder: „Ich mag nicht so sein, wie ich jetzt bin. Ich muss etwas anderes werden." Oder: „Ich muss etwas loswerden, bevor ich das werden kann, was ich sein will." Alles das ist Verlangen. Du hörst ihm also mit reiner Aufmerksamkeit zu, ohne es als gut oder schlecht zu beurteilen, sondern indem du es einfach als das erkennst, was es ist.

Loslassen

Wenn wir Verlangen kontemplieren und ihm zuhören, halten wir tatsächlich nicht länger an ihm fest. Wir erlauben ihm einfach, so zu sein, wie es ist. Dann gelangen wir zur Erkenntnis, dass der Ursprung von Leiden, das Verlangen, beiseite gelegt und losgelassen werden kann.

Wie lässt man Dinge los? Es bedeutet, man lässt sie, wie sie sind. Es bedeutet nicht, sie zu vernichten oder wegzuwerfen. Es ist eher so, dass man sie ablegt und sein lässt. Durch die Praxis des Loslassens wird uns klar, dass es einen Ursprung von Leiden gibt, nämlich das Anhaften an Verlangen, und wir erkennen, dass wir diese drei Arten von Verlangen loslassen sollten. Dann nehmen wir wahr, dass wir diese Arten von Verlangen losgelassen haben, es gibt kein Anhaften mehr an sie.

Wenn du merkst, dass du an etwas anhaftest, dann denke daran, dass „Loslassen" nicht „Loswerden" oder „Wegwerfen" bedeutet. Wenn ich an dieser Uhr festhalte, und du sagst: „Lass sie los!", dann heisst das nicht: „Wirf sie weg!" Ich könnte glauben, ich müsse sie wegwerfen, weil ich an ihr hänge, doch das wäre nur das Verlangen, sie loszuwerden. Wir neigen zur Ansicht, dass das Loswerden des Gegenstandes schon ein Weg sei, das Anhaften loszuwerden. Wenn ich aber Anhaften kontemplieren kann, dieses Greifen nach der Uhr, dann wird mir klar, dass es keinen Sinn macht, sie loszuwerden. – Es ist eine gute Uhr, sie zeigt die richtige Zeit an und lässt sich leicht herumtragen. Die Uhr ist nicht das Problem. Das Problem ist das Greifen nach der Uhr. Was mache ich dann? Ich lasse sie los, lege sie zur Seite, stelle sie vorsichtig ab, ohne jede Art der Abneigung. Später kann ich sie wieder aufnehmen, sehen, wie spät es ist, und, wenn nötig, sie wieder zur Seite legen.

Diese Einsicht in „Loslassen" kannst du auch auf das Verlangen nach Sinnesfreuden anwenden. Vielleicht möchtest du viel Spaß haben. Wie könntest du dieses Verlangen ablegen – frei von jeder Abneigung? Erkenne das Verlagen einfach, ohne es zu bewerten. Du kannst den Wunsch, es loszuwerden, kontemplieren – vielleicht fühlst du dich schuldig, ein so dummes Verlangen zu haben – doch lege es einfach beiseite. Wenn du es dann siehst, wie es ist, und erkennst, dass es einfach Verlangen ist, dann bist du nicht mehr damit verhaftet.

Der Weg besteht also darin, immer mit den Situationen des täglichen Lebens zu arbeiten. Wenn du dich deprimiert und negativ fühlst, wird genau der Moment, in dem du dich weigerst, dich diesem Gefühl hinzugeben, eine Erleuchtungserfahrung sein. Wenn du *das* erkennst, musst du nicht in den Sumpf von Depression und Verzweiflung versinken und dich darin suhlen. Du kannst das augenblicklich beenden, indem du lernst, diesen Dingen keinen weiteren Gedanken zu widmen.

Du musst das durch Praktizieren herausfinden, damit du aus eigener Erfahrung weißt, wie du die Ursache von Leiden loslassen kannst. Kannst du Verlangen willentlich loslassen? Was ist es wirklich, das im gegebenen Augenblick loslässt? Du musst die Erfahrung des Loslassens kontemplieren und genau untersuchen und überprüfen, bis die Einsicht aufkommt. Bleibe dabei, bis die Einsicht kommt: „Ah, loslassen, jetzt verstehe ich. Verlangen wird gerade losgelassen." Das bedeutet nicht, dass du Verlangen für immer loslassen wirst, aber in diesem einen Moment hast du es tatsächlich losgelassen, und du hast es in voll bewusstem Gewahrsein getan. Daraus ergibt sich dann eine Einsicht. Das nennt man Einsichtswissen. In Pali heißt es *ñānadassana* oder tiefgründiges Verstehen.

Meine erste Einsicht in Loslassen hatte ich im ersten Jahr meiner Meditationspraxis. Vom Verstand her wurde mir klar, dass man alles loslassen muss, und dann dachte ich: „Wie lässt du los?" Es erschien unmöglich, irgendetwas loszulassen. Ich kontemplierte weiter: „Wie lässt du los?" Dann sagte ich mir: „Du lässt los, indem du loslässt." und „Schön, also lass los!" Dann fragte ich mich: „Habe ich jetzt schon losgelassen?" und „Wie lässt du los?", „Nun lass einfach los!". So ging es weiter, und ich wurde immer frustrierter. Aber schließlich wurde offensichtlich, was geschah. Wenn man versucht,

Loslassen in allen Einzelheiten zu analysieren, macht man es so kompliziert, dass man nicht weiter kommt. Es ist letztlich nichts, was man mit Worten aufschlüsseln kann, sondern etwas, das man tatsächlich tut. So ließ ich einfach einen Moment lang los, einfach so. Was nun persönliche Probleme und fixe Ideen angeht, ist es mit dem Loslassen nicht schwieriger. Es ist nichts, was man analysieren muss, und nichts, woraus man endlos noch grössere Probleme machen sollte, sondern es geht um das Einüben des Geisteszustandes, in welchem man Dinge auf sich beruhen lässt, sie loslässt. Erst lässt man sie los, aber dann nimmt man sie doch wieder auf, weil die Gewohnheit, sie aufzugreifen, so stark ist. Aber zumindest hat man dann eine Vorstellung vom Loslassen. Selbst als ich diese Einsicht in das Loslassen hatte, liess ich einen Moment lang los, aber dann fing ich wieder mit dem Ergreifen an, indem ich mir sagte: „Ich kann es nicht schaffen, ich habe so viele schlechte Angewohnheiten!" Aber traue diesem nörgelnden, herabsetzenden Ding in dir nicht. Es ist in keinster Weise vertrauenswürdig. Es geht nur darum, Loslassen zu üben. Je mehr du zu erkennen beginnst, wie es gemacht wird, desto eher wirst du dann fähig sein, den Zustand des Nicht-Anhaftens aufrechtzuerhalten.

Vollendung

Es ist wichtig zu wissen, wann du Verlangen losgelassen hast, nämlich wenn du es nicht länger beurteilst oder es loszuwerden versuchst, wenn du erkennst, dass es einfach so ist, wie es ist. Wenn du wirklich ruhig und friedvoll bist, dann wirst du merken, dass da keinerlei Anhaften ist. Du bist nicht darin verstrickt, etwas bekommen oder loswerden zu wollen. Wohlbefinden bedeutet einfach, die Dinge zu erkennen, wie sie sind, ohne das Gefühl, sie beurteilen zu müssen.

Ständig sagen wir: „Dies sollte nicht so sein!", „Ich sollte nicht so sein!" und „Du solltest nicht so sein und solltest das nicht tun!", und so weiter. Ich bin sicher, dass ich dir sagen könnte, wie du sein solltest - und dass du mir sagen könntest, wie ich sein sollte. Wir sollten freundlich, liebevoll, grosszügig, gutherzig, fleißig, eifrig, mutig, tapfer und mitfühlend sein. Ich muss dich nicht einmal kennen, um dir das sagen zu können. Aber um dich wirklich zu kennen, müsste ich mich für dich öffnen und nicht von einem Ideal ausgehen, wie eine Frau oder ein Mann sein sollte oder wie ein Buddhist oder ein Christ sein sollte. Es ist ja nicht so, dass wir nicht wüssten, wie wir sein sollten.

Unser Leiden kommt vom Anhaften an Idealen und dadurch, dass wir Dinge komplizierter machen, als sie sind. Wir sind niemals so, wie wir unseren höchsten Idealen gemäss sein sollten. Das Leben, die anderen, das Land, die Welt, in der wir leben – die Dinge scheinen nie so zu sein, wie sie sein sollten. Wir werden sehr kritisch allem und uns selbst gegenüber: „Ich weiss, ich sollte geduldiger sein, aber ich KANN einfach nicht geduldig sein!" Höre all dem zu, was du solltest oder nicht solltest, und höre auch dem Verlangen zu, das Angenehme zu wollen, etwas werden zu wollen oder das Hässliche und das Schmerzliche loswerden zu wollen. Es ist, als ob man jemandem zuhört, der auf der anderen Seite des Gartenzauns steht und sagt: „Ich will dieses, aber jenes mag ich nicht. Es sollte so sein, aber nicht so." Nimm dir wirklich Zeit, dem nörgelnden Geist zuzuhören, bringe ihn ins Bewusstsein.

Ich praktizierte immer dann auf diese Weise, wenn ich mich unzufrieden fühlte oder einen Drang zum Kritisieren verspürte. Ich schloss dann meine Augen und begann zu denken: „Ich mag dies nicht und ich mag das nicht.", „Dieser Mensch sollte nicht so sein." und „Die Welt sollte anders sein." Ich hörte dann diesem krittelnden, dämonenartigen Wesen zu, das endlos an mir, an dir und an der ganzen Welt herumkritisierte. Und dann dachte ich weiter: „Ich will Glück und Bequemlichkeit. Ich will mich sicher fühlen. Ich will geliebt werden!" Ich dachte mir diese Dinge ganz bewusst aus und hörte ihnen zu, einfach um sie als Zustände zu erkennen, die im Geiste entstehen. Lasse du sie also in deinem Bewusstsein entstehen – erwecke alles Mögliche an Hoffnungen, Verlangen und Kritik. Bringe sie ins Bewusstsein. Dann wirst du Verlangen erkennen und in der Lage sein, es zur Seite zu legen.

Je öfter wir Ergreifen kontemplieren und untersuchen, desto öfter wird die Einsicht aufkommen: „Verlangen sollte losgelassen werden." Durch das tatsächliche Praktizieren und das Verstehen, was Loslassen wirklich ist, haben wir dann die dritte Einsicht in die Zweite Edle Wahrheit, nämlich: „Verlangen ist losgelassen worden." Jetzt verstehen wir Loslassen. Es ist kein theoretisches Loslassen, sondern eine direkte Einsicht. Du weißt, dass Loslassen sich vollzogen hat. Darum geht es in der Praxis.

Die Dritte Edle Wahrheit

Was ist die Edle Wahrheit vom Aufhören von Leiden? Es ist das restlose Verklingen und Aufhören eben jenes Verlangens; es zurückweisen, es aufgeben, es lassen und auf es verzichten. Aber worauf richtet sich das Verlangen, das aufgegeben und zum Aufhören gebracht worden ist? Wo immer etwas ist, das liebenswert und befriedigend erscheint, darauf richtet sich das Verlangen, das aufgegeben und zum Aufhören gebracht worden ist.
Da ist diese Edle Wahrheit vom Aufhören von Leiden. Dies war die Vision, Einsicht, Weisheit, das wahre Wissen und Licht, welche in mir aufstiegen über nie zuvor gehörte Dinge.
Diese Edle Wahrheit muss durch das klare Erkennen des Aufhörens von Leiden durchdrungen werden. [...]
Diese Edle Wahrheit ist durch das klare Erkennen des Aufhörens von Leiden durchdrungen worden. Dies war die Vision, Einsicht, Weisheit, das wahre Wissen und Licht, welche in mir aufstiegen über nie zuvor gehörte Dinge.

Samyutta Nikāya 56, 11

Die Dritte Edle Wahrheit mit ihren drei Aspekten lautet: „Da ist das Aufhören von Leiden, von *dukkha*. Das Aufhören von *dukkha* sollte erkannt werden. Das Aufhören von *dukkha* ist klar erkannt worden."

Die ganze buddhistische Lehre zielt darauf ab, den betrachtenden Geist zu entwickeln, um Täuschungen loszulassen. Die Vier Edlen Wahrheiten sind eine Belehrung über Loslassen, das mit Hilfe von Untersuchen oder Betrachten geschieht – indem man kontempliert: „Warum ist es so? Warum?" Es ist gut, über Dinge nachzudenken, wie etwa warum Mönche ihren Kopf rasieren oder warum Buddha-Rupas* so aussehen, wie sie aussehen. Wir kontemplieren –, im Geiste bildet sich keine Meinung darüber, ob diese Dinge gut, schlecht, nützlich oder unnütz sind. Stattdessen öffnet sich der Geist wirklich und überlegt: „Was bedeutet das? Was repräsentieren die Mönche? Warum tragen sie Almosenschalen? Warum können sie kein Geld haben? Warum können sie nicht ihre eigenen Lebensmittel anbauen?" Wir kontemplieren, wie diese Art des Lebens die Tradition aufrechterhalten und es ihr ermöglicht hat, von ihrem ursprünglichen Gründer Gotama, dem Buddha, bis in die Gegenwart weitergegeben zu werden.

Wir reflektieren, wenn wir Leiden wahrnehmen, wenn wir die Natur von Verlangen erkennen, wenn wir erkennen, dass Anhaften an Verlangen Leiden bedeutet. Dann haben wir die Einsicht, dass wir dem Verlangen erlauben können zu vergehen, und nehmen Nicht-Leiden wahr, das Aufhören von Leiden. Diese Einsichten können nur durch Betrachtung kommen, nicht durch Glauben. Du kannst dich nicht selbst etwas glauben machen oder eine Einsicht willentlich verwirklichen, doch durch echtes Kontemplieren und Nachdenken über diese Wahrheiten kommen diese Einsichten zu dir. Sie kommen nur, wenn der Geist offen und empfänglich für die Lehre ist – blinder Glaube ist bestimmt nicht ratsam und wird von niemandem erwartet. Stattdessen sollte der Geist gewillt sein zu empfangen, nachzudenken und abzuwägen.

Dieser geistige Zustand ist sehr wichtig – er ist der Weg, der aus Leiden hinausführt. Es ist nicht der Geist, der feste Ansichten und Vorurteile hat und glaubt, allwissend zu sein, oder der einfach das, was andere Menschen sagen, für wahr hält. Es ist der Geist, der für diese Vier Edlen Wahrheiten offen und in der Lage ist, über etwas zu reflektieren, das wir innerhalb unseres eigenen Geistes wahrnehmen.

Menschen nehmen Nicht-Leiden nur selten wahr, weil es einer besonderen Art der Bereitschaft bedarf, um etwas zu ergründen und zu untersuchen und über das Grobe und Offensichtliche hinauszugelangen. Es braucht eine Bereitschaft, die eigenen Reaktionen wirklich zu betrachten und in der Lage zu sein, Anhaften zu erkennen und zu kontemplieren: „Wie fühlt sich Anhaften an?"

Fühlst du dich zum Beispiel glücklich oder befreit dadurch, dass du an Verlangen anhaftest? Ist es aufmunternd oder deprimierend? Das sind Fragen, die du untersuchen solltest. Wenn du herausfinden solltest, dass Anhaften an deinem Verlangen befreiend ist, dann bleibe dabei. Hafte weiterhin an all deinem Verlangen und schau zu, was dabei herauskommt.

In meiner Praxis bin ich zur Einsicht gekommen, dass Anhaften an meinem Verlangen Leiden bedeutet. Darüber gibt es keinen Zweifel. Ich kann sehen, wieviel Leiden in meinem Leben durch Anhaften an Materielles, an Ideen, Einstellungen oder Ängste verursacht wurde. Ich kann soviel unnötiges Elend sehen, das ich für mich selbst verursacht habe – durch Anhaften, weil ich es nicht besser wusste. Ich bin in Amerika aufgewachsen, dem Land der Freiheit. Es verspricht das Recht, glücklich zu sein. Was es aber in Wirklichkeit anbietet, ist das Recht, an allem anzuhaften. Amerika ermutigt dich zu versuchen, so glücklich zu sein wie möglich – durch den Erwerb von Dingen. Wenn du jedoch mit den Vier Edlen Wahrheiten arbeitest, soll Anhaften verstanden und kontempliert werden, dann entsteht die Einsicht in Nicht-Anhaften. Hierbei handelt es sich nicht um einen intellektuellen Standpunkt oder um einen Befehl deines Gehirns, das sagt, dass du nicht anhaften solltest. Es ist einfach eine natürliche Einsicht in Nicht-Anhaften oder Nicht-Leiden.

Die Wahrheit von der Vergänglichkeit

Hier im Kloster Amaravati chanten wir das *Dhammacakkappavattana Sutta* in seiner traditionellen Form. Als der Buddha diese Lehrrede über die Vier Edlen Wahrheiten hielt, hörten seine fünf Schüler zu, aber nur einer verstand sie wirklich, nur einer hatte die tiefgehende Einsicht. Den anderen vieren gefiel sie einfach, sie dachten: „Eine sehr schöne Belehrung, wirklich." Aber nur einer von ihnen, Kondañña, verstand vollkommen, was der Buddha sagte.

Auch die Devas hörten der Lehrrede zu. Devas sind himmlische, ätherische Wesen, die uns weit überlegen sind. Sie haben keinen grobstofflichen Körper wir wir, sie haben einen ätherischen Körper und sind schön, liebenswürdig und intelligent. Und obwohl sie entzückt waren, die Lehrrede zu hören, wurde nicht einer von ihnen dadurch erleuchtet.

Es heißt, dass sie hocherfreut über die Erleuchtung des Buddha waren und dass sie in die Himmel empor jauchzten, als sie seine Belehrung hörten. Zuerst wurde sie von der untersten Ebene der Devas gehört, die dann zur nächsten Ebene empor jauchzten, und bald frohlockten alle Devas – bis zur höchsten Ebene hinauf, dem Brahma-Reich. Die Himmel hallten wider von der Freude darüber, dass das Rad des Dhamma in Bewegung gesetzt worden war, und darüber jubelten diese Devas und Brahmas. Doch nur Kondañña, einer der fünf Schüler, wurde erleuchtet, als er diese Lehrrede hörte. Ganz am Ende des Sutta gab der Buddha ihm den Namen „Añña Kondañña". „Añña" bedeutet tiefgründiges Wissen, „Añña Kondañña" bedeutet also „Kondañña der Wissende".

Was wusste Kondañña? Worin bestand seine Einsicht, die der Buddha ganz am Ende der Lehrrede pries? Sie lautet: „Alles, was dem Entstehen unterworfen ist, ist dem Vergehen unterworfen." Das mag nun nicht gerade wie ein großartiges Wissen klingen, aber in Wirklichkeit beinhaltet es ein universelles Grundmuster: Was es auch sei – was dem Entstehen unterworfen ist, ist dem Vergehen unterworfen; es ist unbeständig und Nicht-Selbst. – Hafte also nicht an, lass dich nicht täuschen von dem, was entsteht und vergeht. Suche deine Zuflucht, worin du verweilen, auf die du vertrauen kannst, nicht in etwas, das entsteht – weil diese Dinge vergehen werden.

Wenn du leiden und dein Leben vergeuden willst, dann laufe herum und suche nach Dingen, die entstehen. Sie alle werden dich zum Ende führen, zum Vergehen, und du wirst davon nicht ein bisschen weiser werden. Du wirst nur herumlaufen und die gleichen alten, trostlosen Gewohnheiten wiederholen, und wenn du stirbst, wirst du nichts Wichtiges aus deinem Leben gelernt haben.

Anstatt nur darüber nachzugrübeln, fange wirklich an zu kontemplieren: „Alles, was dem Entstehen unterliegt, unterliegt dem

Vergehen." Wende diese Aussage ganz allgemein auf das Leben an, auf deine eigenen Erfahrungen. Dann wirst du verstehen. Beobachte einfach: Anfang – Ende. Kontempliere, wie die Dinge sind. Im Reich der Sinne dreht sich alles um Entstehen und Vergehen, Anfang und Ende. Vollkommenes Verstehen, *sammā ditthi,* ist in diesem Leben möglich. Ich weiss nicht, wie lange Kondañña nach der Lehrrede des Buddha weiterlebte, aber er wurde in diesem einen Augenblick erleuchtet. Genau in dem Moment hatte er vollkommenes Verstehen.

Ich möchte betonen, wie wichtig es ist, diese Art des Reflektierens zu entwickeln. Anstatt nur eine Methode zur Beruhigung deines Geistes zu kultivieren, was gewiss auch ein Teil der Praxis ist, solltest du wirklich erkennen, dass richtige Meditation eine Verpflichtung zu weisem Untersuchen darstellt. Dazu gehört ein mutiges Bemühen, den Dingen auf den Grund zu gehen, aber nicht indem du dich analysierst und beurteilst, warum du auf persönlicher Ebene leidest, sondern indem du dich entschließt, dem Weg wirklich zu folgen, bis du tiefgründiges Verstehen erlangst. Dieses tiefgründige Verständnis basiert auf dem Grundmuster von Entstehen und Vergehen. Hat man dieses Gesetz einmal verstanden, dann erkennt man, wie alles in dieses Grundmuster hineinpasst.

Dies ist keine metaphysische Lehre: „Alles, was dem Entstehen unterliegt, unterliegt dem Vergehen." Es geht hier nicht um die letztendliche Wirklichkeit – die todlose Wirklichkeit. Aber wenn du tief verstehst und weißt, dass alles, was entsteht, auch vergeht, dann wirst du die letztendliche Wirklichkeit *erkennen,* die todlosen, unsterblichen Wahrheiten. Dies ist ein hilfreiches Mittel, um zu dieser letztendlichen Erkenntnis zu gelangen. Achte auf den Unterschied: Die Aussage ist keine metaphysische, sondern eine, die uns zur methaphysischen Erkenntnis leitet.

Sterblichkeit und Aufhören

Mit dem Reflektieren über die Edlen Wahrheiten bringen wir genau dieses Problem der menschlichen Existenz ins Bewusstsein.

Wir betrachten dieses Gefühl von Entfremdung und des blinden Anhaftens an Sinnesbewusstsein, das Anhaften an das, was in unserem Bewusstsein als besonders und herausragend wahrgenommen wird. Aus Unwissenheit haften wir an Verlangen nach Sinnesfreuden. Wenn wir uns mit dem identifizieren, was vergänglich oder dem Tode geweiht ist, und mit dem, was unbefriedigend ist – genau dieses Anhaften ist Leiden.

Sinnesfreuden sind immer vergängliche Freuden. Alles was wir sehen, hören, berühren, schmecken, denken oder fühlen, ist vergänglich – dem Tode geweiht. Wenn wir an den vergänglichen Sinnen haften, haften wir am Tod. Wenn wir das nicht kontempliert oder verstanden haben, haften wir einfach blind an der Vergänglichkeit und hoffen, dass wir sie für eine Weile abwehren können. Wir geben vor, dass wir mit den Dingen, an denen wir haften, wirklich glücklich werden – nur um uns schließlich desillusioniert, verzweifelt und enttäuscht zu fühlen. Vielleicht gelingt es uns, das zu werden, was wir sein wollen, doch auch das ist vergänglich. Damit haften wir an einem anderen, dem Tode geweihten Zustand. Und das Verlangen zu sterben bringt uns dann vielleicht zu einem Anhaften an Selbstmord oder an Vernichtung – aber selbst der Tod ist nur eine weitere, dem Tode geweihte Bedingung. Woran wir auch anhaften innerhalb dieser drei Arten von Verlangen, das ist Anhaften am Tod – und das bedeutet, dass wir Enttäuschung oder Verzweiflung erfahren werden.

Geistiger Tod ist Verzweiflung, Depression ist eine Art Todeserfahrung des Geistes. Das Sterben des Geistes ist dem physischen Tod des Körpers vergleichbar. Geistige Zustände und Bedingungen sterben. Wir nennen das Verzweiflung, Langeweile, Depression und Qual. Immer wenn wir anhaften – wenn wir Langeweile, Verzweiflung, Qual und Kummer erleben, neigen wir dazu, nach einer anderen vergänglichen Bedingung zu suchen, die am Horizont erscheint. Zum Beispiel: Du fühlst dich verzweifelt, und dir kommt der Gedanke: „Ich will ein Stück Schokoladenkuchen." Und los geht's! Einen Augenblick lang kannst du völlig in dem süßen, köstlichen Schokoladenaroma des Kuchens aufgehen. Dieser Moment ist ein Moment des Werdens – du bist tatsächlich diese süße, köstliche

Schokoladengeschmack geworden! Du kannst diesen Zustand aber nicht lange festhalten. Du schluckst, und was bleibt? Dann musst du mit etwas anderem weitermachen. Das ist „Werden".

Wir sind geblendet, gefangen in diesem Werde-Prozess auf der sinnlichen Ebene. Aber dadurch, dass wir Verlangen kennen, ohne die Schönheit oder Hässlichkeit der sinnlichen Ebene zu beurteilen, gelingt es uns, Verlangen so zu sehen, wie es ist. Da ist Wissen. Dann, wenn wir dieses Verlangen beiseite legen, anstatt es zu ergreifen, erleben wir *nirodha,* das Aufhören von Leiden. Das ist die dritte Edle Wahrheit, die wir für uns selbst klar erkennen müssen. Wir kontemplieren Aufhören. Wir sagen: „Da ist Aufhören" und wissen, wenn etwas aufgehört hat.

Den Dingen erlauben zu entstehen

Bevor du Dinge loslassen kannst, musst du ihnen ermöglichen, dir vollständig zu Bewusstsein zu kommen. In der Meditation ist es unser Ziel, dem Unbewussten auf geschickte Weise zu erlauben, ins Bewusstsein aufzusteigen. All die Verzweiflung, Angst, Qual, Unterdrückung und Wut dürfen bewusst werden. Menschen neigen dazu, an hochgeistigen Ideen festzuhalten. Manchmal können wir sehr von uns selbst enttäuscht sein, weil wir glauben, dass wir nicht so gut sind, wie wir sein sollten, oder dass wir nicht wütend sein sollten – all dieses „ich sollte" und „ich sollte nicht". Dann kreieren wir das Verlangen, die schlechten Dinge loszuwerden – und dieses Verlangen vermittelt ein Gefühl von Rechtschaffenheit. Es erscheint richtig, schlechte Gedanken, Wut und Eifersucht loszuwerden, weil ein guter Mensch „nicht so sein sollte". Auf diese Weise erschaffen wir Schuldgefühle.

Wenn wir darüber reflektieren, bringen wir ins Bewusstsein, dass da ein Verlangen ist, dieses Ideal zu werden, und ein Verlangen, die schlechten Dinge loszuwerden. Und durch dieses Reflektieren können wir loslassen – anstatt zum perfekten Menschen zu werden, lässt du also das Verlangen danach los. Was dann bleibt, ist das reine Bewusstsein. Man muss nicht zum perfekten Menschen werden, denn es ist das reine Bewusstsein, in dem perfekte Menschen entstehen und vergehen.

Intellektuell ist leicht zu verstehen, was Aufhören bedeutet, aber es kann ziemlich schwierig sein, es zu *verwirklichen,* weil wir dazu genau das aushalten müssen, von dem wir glauben, es nicht ertragen zu können. Als ich zu meditieren begann, glaubte ich zum Beispiel, dass Meditation mich freundlicher und glücklicher machen würde, und ich erwartete, glückselige Geisteszustände zu erleben. Doch in den ersten zwei Monaten fühlte ich soviel Hass und Wut wie nie zuvor in meinem Leben. Ich dachte: „Das ist furchtbar! Meditation hat mich noch schlechter gemacht." Aber dann kontemplierte ich, warum da soviel Hass und Abneigung hochkamen, und mir wurde klar, dass vieles in meinem Leben ein Versuch war, vor all dem wegzulaufen. Ich war ein zwanghafter Leser. Überall, wo ich hinging, musste ich Bücher mitnehmen. Immer wenn ein Anflug von Angst oder Abneigung aufkam, zog ich mein Buch raus und las. Oder ich rauchte oder aß irgend etwas. Ich hatte von mir das Bild eines freundlichen Menschen, der keinem etwas Böses wollte, und so wurde jeder Anflug von Abneigung oder Hass unterdrückt.

Deshalb suchte ich in meinen ersten Monaten als Mönch so verzweifelt nach etwas, das ich tun konnte. Ich versuchte, etwas zu finden, womit ich mich ablenken konnte, weil ich während der Meditation anfing, mich all dessen zu erinnern, was ich lieber vergessen wollte. Ständig stiegen Erinnerungen aus der Kindheit und Jugend auf. Diese Wut und dieser Hass wurden dann so bewusst, dass es mich schier zu überwältigen schien. Aber etwas in mir begann zu erkennen, dass ich das aushalten musste, also hielt ich durch. Aller Hass, alle Wut, die während dreißig Jahren meines Lebens unterdrückt worden waren, erreichten zu dieser Zeit ihren Höhepunkt und durch Meditation brannten sie aus und vergingen. Es war ein Reinigungsprozess.

Um diesen Prozess des Aufhörens zu ermöglichen, müssen wir gewillt sein zu leiden. Deshalb betone ich die Wichtigkeit von Geduld. Wir müssen unseren Geist für Leiden öffnen, denn durch das Umarmen von Leiden ermöglichen wir, dass Leiden vergeht. Wenn wir merken, dass wir leiden, körperlich oder geistig, dann wenden wir uns dem tatsächlichen Leiden zu, hier und jetzt. Wir machen uns vollständig offen dafür, heißen es willkommen, konzentrieren uns darauf, erlauben ihm zu sein, was es ist. Das heißt, wir müssen geduldig sein und das Unerfreuliche eines bestimmten Zustandes aushalten. Anstatt vor Langeweile, Verzweiflung, Zweifel und Angst davonzulaufen, müssen wir sie aushalten, um zu verstehen, dass sie aufhören.

Solange wir den Dingen nicht erlauben aufzuhören, schaffen wir nur neues *kamma,* das unsere Gewohnheiten weiter verstärkt. Wenn etwas entsteht, greifen wir danach und machen mehr daraus; und das macht alles noch komplizierter. Dann wiederholen wir diese Dinge unser Leben lang immer und immer wieder. Wir können nicht herumgehen und unserem Verlangen folgen, unseren Ängsten nachgeben und erwarten, inneren Frieden zu verwirklichen. Wir kontemplieren Angst und Verlangen, so dass sie uns nicht länger täuschen. Wir müssen wissen, was uns täuscht, bevor wir es loslassen können. Verlangen und Angst müssen als unbeständig, unbefriedigend und Nicht-Selbst verstanden werden. Sie werden erkannt und geistig durchdrungen, so dass Leiden sich selbst ausbrennen kann.

Es ist sehr wichtig, dass wir hier zwischen *Aufhören* und *Vernichtung* – dem im Geist aufkommenden Verlangen, etwas loszuwerden – unterscheiden. Aufhören ist das natürliche Ende eines jeden Zustandes, der entstanden ist. Es ist also kein Verlangen! Es ist nichts, das wir im Geiste kreieren, sondern das Ende dessen, was begann, der Tod dessen, was geboren wurde. Deswegen ist Aufhören Nicht-Selbst - es entsteht nicht aus einem Gefühl von „Ich muss etwas loswerden", sondern dann, wenn wir dem, was entstanden ist, erlauben aufzuhören. Um das zu tun, müssen wir Verlangen aufgeben – es loslassen. Es bedeutet nicht, etwas zurückzuweisen oder wegzuwerfen. Aufgeben bedeutet, es loszulassen.

Dann, wenn es vergangen ist, erlebst du *nirodha* – Aufhören, Leere, Nicht-Anhaften. *Nirodha* ist ein anderes Wort für Nibbana. Hast du etwas losgelassen und ihm erlaubt aufzuhören, was dann bleibt, ist Frieden.

Du kannst diesen Frieden durch deine eigene Meditation erfahren. Wenn du Verlangen in deinem Geist hast enden lassen, ist das, was übrig bleibt, sehr friedlich. Das ist wahrer Frieden, das Todlose. Wenn du das wirklich so erkennst, wie es ist, nimmst du *nirodha sacca* wahr, die Wahrheit des Aufhörens, in der es kein Selbst gibt, aber immer noch Wachheit und Klarheit. Die wahre Bedeutung von Glückseligkeit liegt in diesem friedlichen, überweltlichen Bewusstsein.

Können wir Aufhören nicht geschehen lassen, dann neigen wir dazu, Annahmen über uns selbst zu bilden und aus diesen heraus zu handeln, ohne uns überhaupt dieses Vorgangs bewusst zu sein. Manchmal müssen wir erst zu meditieren anfangen, um zum ersten mal wahrzunehmen, wieviel Angst und Mangel an Vertrauen in unserem Leben auf Kindheitserfahrungen zurückgehen. Ich erinnere mich, dass ich als kleiner Junge einen sehr guten Freund hatte, der sich von mir abwandte und mich zurückwies. Daraufhin war ich monatelang verzweifelt. Es hinterließ in meinem Geist einen unauslöschlichen Eindruck. Durch Meditation nahm ich dann wahr, wie sehr ein kleiner Vorfall wie dieser meine späteren Beziehungen zu anderen beeinflusst hatte – ich hatte immer eine ungeheure Angst, zurückgewiesen zu werden. Ich hatte nie mehr daran gedacht, bis diese besondere Erinnerung mir während der Meditation immer wieder ins Bewusstsein kam. Der Verstand weiß, dass es lächerlich ist, herumzugehen und über die Tragödien der Kindheit nachzudenken. Aber wenn sie im mittleren Lebensalter immer wieder in dein Bewusstsein treten, versuchen sie dir vielleicht etwas über Annahmen zu sagen, die sich in deiner Kindheit geformt haben.

Wenn beim Meditieren Erinnerungen oder quälende Ängste in dir aufzukommen beginnen, dann sei darüber nicht frustriert oder ärgerlich, sondern betrachte sie als etwas, das du freundlich ins Bewusstsein aufnehmen solltest, so dass du es loslassen kannst. Du könntest dein alltägliches Leben so einrichten, dass du diesen Dingen niemals ins Auge sehen musst. Dann ist die Wahrscheinlichkeit minimal, dass sie jemals aufkommen. Du könntest dich vielen wichtigen Angelegenheiten verschreiben und dich beschäftigt halten. Dann werden dir diese Ängste und unbekannten Befürchtungen niemals bewusst werden. – Was passiert dagegen, wenn du loslässt? Das Verlangen oder das, was dich quält, bewegt sich – es bewegt sich auf sein Ende zu. Es hört auf. Und dann hast du die Einsicht, dass Verlangen aufhört. Der dritte Aspekt der Dritten Edlen Wahrheit lautet also: Aufhören ist klar erkannt worden.

Erkennen

Dies sollte erkannt werden. Der Buddha sagte nachdrücklich: „Dies ist eine Wahrheit, die hier und jetzt erkannt werden sollte." Wir müssen nicht auf den Tod warten, um herauszufinden, ob dies alles wahr ist – diese Belehrung ist für die Lebenden wie dich und mich. Jeder von uns muss sie klar erkennen. Ich kann euch davon erzählen und euch ermutigen, es zu tun, aber es liegt nicht in meiner Macht, dass ihr sie klar erkennt!

Haltet das nicht für etwas, das in ferner Zukunft oder außerhalb eurer Fähigkeiten liegt. Wenn wir über Dhamma, die Wahrheit, sprechen, sagen wir, dass Dhamma hier und jetzt gegenwärtig ist und von uns selbst erkannt werden kann. Wir können uns der Wahrheit zuwenden, uns zu ihr hinneigen. Wir können für das, was ist, aufmerksam sein, hier und jetzt, an diesem Ort und zu dieser Zeit. Das ist Achtsamkeit – wachsam sein und die Aufmerksamkeit darauf richten, wie es ist. Mit Achtsamkeit untersuchen wir das Gefühl von Selbst, dieses Gefühl von Ich und Mein: mein Körper, meine Gefühle, meine Erinnerungen, meine Gedanken, meine Ansichten, meine Meinungen, mein Haus, mein Auto und so weiter.

Ich hatte die Tendenz, mich selbst herabzusetzen, zum Beispiel mit dem Gedanken: „Ich bin Sumedho." Dann machte ich mich selbst schlecht: „Ich tauge nichts." Woraus entsteht das und wo vergeht es? – Oder: „In Wirklichkeit bin ich besser als ihr, ich habe Höheres erreicht. Ich lebe das Heilige Leben schon sehr lange, daher muss ich besser sein als jeder von euch!" Wo entsteht und vergeht DAS?

Wenn Arroganz oder Dünkel aufkommen oder du dich selbst herabsetzt – was immer es sei – prüfe es, horche in dich hinein: „Ich bin ..." Sei dir des Raumes gewahr, der vor Beginn dieses Gedankens liegt. Dann denke ihn und nimm den nachfolgenden Raum wahr.

Bleibe dabei, deine Aufmerksamkeit auf die nachfolgende Leere zu richten, und sieh, wie lange du deine Aufmerksamkeit bei ihr halten kannst. Nimm wahr, ob du so etwas wie einen klingenden Ton im Geist hören kannst, den Klang der Stille (sound of silence), den ursprünglichen Klang. Wenn du deine Aufmerksamkeit darauf konzentrierst, kannst du reflektieren: „Ist da irgendein Gefühl von Selbst?" Wenn du wirklich leer bist – wenn nichts da ist außer Klarheit, Wachheit und Achtsamkeit –, dann erkennst du, dass da kein Selbst ist. Da ist kein Gefühl von Ich und Mein. Ich gehe also zu diesem Zustand von Leere und kontempliere Dhamma: „Es ist einfach so, wie es ist. Dieser Körper hier ist einfach so." Ich kann ihm einen Namen geben oder auch nicht, aber in diesem Moment ist er einfach so, wie er ist. Er ist nicht Sumedho!

In der Leere gibt es keinen buddhistischen Mönch. „Buddhistischer Mönch" – das ist nur eine Konvention, die an Zeit und Ort gebunden ist. Wenn dich jemand lobt und sagt: „Wie wunderbar", kannst du es einfach als Lob erkennen, das jemand ausspricht, ohne es persönlich zu nehmen. Du weißt, dass da kein buddhistischer Mönch ist, es ist einfach So-Sein. Es ist einfach so. Wenn ich möchte, dass Amaravati ein erfolgreicher Ort ist, und es ist ein großer Erfolg, dann bin ich glücklich. Wenn aber alles schief geht, wenn niemand daran interessiert ist, können wir die Stromrechnung nicht bezahlen und alles zerfällt in Stücke – Misserfolg! Aber in Wirklichkeit gibt es kein Amaravati. Die Idee von einem Menschen, der ein buddhistischer Mönch ist, oder von einem Ort namens Amaravati – das sind nur Konventionen, keine endgültige Wirklichkeit. In diesem Moment ist es so, einfach so, wie es sein soll. Man trägt die Last eines solchen Ortes nicht auf seinen Schultern, weil man es so erkennt, wie es wirklich ist, und niemand da ist, der darin verwickelt sein könnte. Ob es Erfolg hat oder Misserfolg, ist dann nicht mehr so wichtig.

In der Leere sind Dinge einfach das, was sie sind. Wenn wir auf diese Weise bewusst sind, bedeutet das nicht, dass wir Erfolg oder Misserfolg gegenüber gleichgültig wären und uns nicht bemühen würden, etwas zu tun. Wir können uns einbringen. Wir wissen, was wir tun können, wir wissen, was getan werden muss, und wir können es auf die richtige Weise tun. Dann wird alles Dhamma, so wie es ist. Wir tun dann etwas, weil es das ist, was zu diesem Zeitpunkt und an diesem Ort getan werden muss, und nicht aufgrund von persönlichem Ehrgeiz oder aus Angst vor Misserfolg.

Der Pfad zum Aufhören von Leiden ist der Pfad der Vollkommenheit. Vollkommenheit kann ein ziemlich entmutigender Begriff sein, weil wir uns sehr unvollkommen fühlen. Als Persönlichkeit fragt man sich, wie man es wagen kann, die Möglichkeit des Vollkommen-Seins auch nur in Erwägung zu ziehen. Menschliche Vollkommenheit ist nicht etwas, über das jemals gesprochen würde. Es erscheint völlig unmöglich, in Hinblick auf die menschliche Existenz an Vollkommenheit zu denken. Aber ein *Arahant** ist einfach ein Mensch, der sein Leben vervollkommnet hat, jemand, der alles gelernt hat, was es zu lernen gibt, indem er das elementare Gesetz verstanden hat: „Alles, was Entstehen unterworfen ist, ist Vergehen unterworfen." Ein *Arahant* muss nicht allwissend sein; es ist nur notwendig, dieses Gesetz zu kennen und völlig zu verstehen.

Wir nutzen Buddha-Weisheit, um Dhamma zu kontemplieren, die Art, wie Dinge sind. Wir nehmen Zuflucht zur Sangha, in das, was Gutes tut und sich des Schlechten enthält. Sangha ist etwas Einheitliches, eine Gemeinschaft. Es ist keine Gruppe individueller Persönlichkeiten oder verschiedener Charaktere. Das Gefühl, ein individuell geprägter Mensch oder ein Mann oder eine Frau zu sein, ist für uns nicht mehr wichtig. Dieses Verständnis von Sangha wird als Zuflucht erkannt. Obwohl unsere Ausprägungen alle individuell sind, gibt es diese Einheit, weil unsere Erkenntnis dieselbe ist. Dadurch, dass wir wach und aufmerksam sind und nicht länger anhaften, nehmen wir Aufhören wahr und verweilen in Leere, wo wir alle verschmelzen. Da ist keine einzelne Person vorhanden. Einzelne Menschen entstehen und vergehen vielleicht in Leere, aber es gibt keine Person. Es gibt nur Klarheit, Bewusstheit, Frieden und Reinheit.

Die Vierte Edle Wahrheit

Was ist die Edle Wahrheit vom Weg, der zum Aufhören von Leiden führt? Es ist dieser Edle Achtfache Pfad, nämlich: Rechte Ansicht, Rechte Absicht, Rechte Rede, Rechtes Handeln, Rechter Lebenserwerb, Rechtes Bemühen, Rechte Achtsamkeit und Rechte Konzentration.

Da ist diese Edle Wahrheit vom Pfad, der zum Aufhören von Leiden führt. Dies war die Vision, Einsicht, Weisheit, das wahre Wissen und Licht, welche in mir aufstiegen über nie zuvor gehörte Dinge. [...]

Zu dieser Edlen Wahrheit muss durchgedrungen werden durch die Kultivierung des Pfades. [...]

Zu dieser Edlen Wahrheit ist durchgedrungen worden durch die Kultivierung des Pfades: Dies war die Vision, Einsicht, Weisheit, das wahre Wissen und Licht, welche in mir aufstiegen über nie zuvor gehörte Dinge.

Samyutta Nikāya, 56, 11

Die Vierte Edle Wahrheit hat, ebenso wie die ersten drei Wahrheiten, drei Aspekte. Der erste Aspekt lautet: „Da ist der Achtfache Pfad, der *atthangika magga* – der Weg, der aus Leiden hinausführt." Er wird auch *ariya magga* genannt, der Ariya- oder Edle Pfad. Der zweite Aspekt lautet: „Dieser Pfad sollte entwickelt werden." Die endgültige Einsicht in Arahantschaft lautet: „Dieser Pfad ist vollständig entwickelt worden."

Der Achtfache Pfad wird als Abfolge dargestellt: Beginnend mit Rechtem (oder Vollkommenem) Verstehen, *sammā ditthi*, führt er zu Rechter (oder Vollkommener) Absicht oder auch Rechtem

(Vollkommenem) Streben, *sammā sankappa;* diese ersten beiden Elemente des Pfades werden als Weisheit *(paññā)* zusammengefasst. Aus *paññā* ergibt sich moralische Verpflichtung *(Sīla)*. Zu ihr gehören Rechte Rede, Rechtes Handeln und Rechter Lebenserwerb – auch Vollkommene Rede, Vollkommenes Handeln und Vollkommener Lebenserwerb genannt, *sammā vācā, sammā kammantā* und *sammā ājiva.*

Dann haben wir Rechtes Bemühen, Rechte Achtsamkeit und Rechte Konzentration, *sammā vāyāma, sammā sati* und *sammā samādhi,* die sich ganz natürlich aus *sīla* ergeben. Die drei Letztgenannten sorgen für emotionales Gleichgewicht. Bei ihnen geht es ums Herz – das Herz, das von Selbst-Sicht und Egoismus befreit ist. Durch Rechtes Bemühen, Rechte Achtsamkeit und Rechte Konzentration ist das Herz rein, frei von Befleckungen und Verunreinigungen. Wenn das Herz rein ist, ist der Geist friedlich. Weisheit *(paññā),* oder Rechtes Verstehen und Rechtes Streben, erwächst aus einem reinem Herzen. Dies bringt uns an den Anfang zurück.

Dies sind also die Elemente des Achtfachen Pfades, in drei Abschnitte unterteilt:
1. Weisheit *(paññā)*
    Rechtes Verstehen *(sammā ditthi)*
    Rechtes Streben *(sammā sankappa)*
2. Moral *(sīla)*
    Rechte Rede *(sammā vācā)*
    Rechtes Handeln *(sammā kammantā)*
    Rechter Lebenserwerb *(sammā ājiva)*
3. Konzentration *(samādhi)*
    Rechtes Bemühen *(sammā vāyāma)*
    Rechte Achtsamkeit *(sammā sati)*
    Rechte Konzentration *(sammā samādhi)*

Dass wir sie in dieser Reihenfolge aufzählen, bedeutet nicht, dass sie sich in linearer Abfolge, als Sequenz, entwickeln – sie entstehen zusammen. Im Gespräch über den Achtfachen Pfad sagen wir vielleicht: „Erst kommt Rechtes Verstehen, dann Rechtes Streben, dann ..." Aber in Wirklichkeit soll uns diese Art der Präsentation nur zum Nachdenken darüber anregen, wie wichtig es ist, Verantwortung dafür zu übernehmen, was wir in unserem Leben sagen und tun.

Rechtes Verstehen

Das erste Element des Achtfachen Pfades ist Rechtes Verstehen. Es entsteht durch Einsicht in die ersten drei Edlen Wahrheiten. Wenn du diese Einsichten hast, dann ist da vollkommenes Verstehen von Dhamma – das Verständnis, dass „alles, was Entstehen unterworfen ist, Vergehen unterworfen ist". Es ist so einfach. Du musst nicht viel Zeit mit dem Lesen dieses Satzes verbringen, um die Worte zu verstehen: „Alles, was Entstehen unterworfen ist, ist Vergehen unterworfen." – Aber die meisten von uns brauchen eine ganze Weile, um wirklich auf tiefgehende Weise, und nicht nur intellektuell, zu verstehen, was diese Worte bedeuten.

In moderner Umgangssprache ausgedrückt, Einsicht ist wirkliches Wissen aus dem Bauch heraus – sie entsteht nicht einfach aus Ideen. Einsicht ist nicht: „Ich denke, dass ich weiß." oder „Oh ja, das kommt mir angemessen und vernünftig vor. Ich stimme dem zu. Ich mag diesen Gedanken." Diese Art des Verstehens kommt noch vom Verstand, während Einsichtswissen tiefgehend ist. Es ist etwas, das man wirklich erkannt hat, und Zweifel sind dann kein Problem mehr.

Dieses tiefe Verstehen stammt aus den vorhergehenden neun Einsichten. Es ist also eine Abfolge von Einsichten, die uns zu Rechtem Verstehen der Dinge, wie sie sind, führt, nämlich zum Verstehen von: Alles, was Enstehen unterworfen ist, ist Vergehen unterworfen und ist Nicht-Selbst. Mit Rechtem Verstehen hast du die Illusion von einem Selbst, das an sterbliche Voraussetzungen gebunden ist, aufgegeben. Es gibt immer noch den Körper, es gibt noch Gefühle und Gedanken, aber diese sind einfach das, was sie sind, da ist nicht mehr der Glaube, dass du dein Körper bist, dass du deine Gefühle oder deine Gedanken bist. Die Betonung liegt auf:

„Dinge sind, was sie sind." Wir versuchen nicht zu sagen, dass Dinge überhaupt nichts oder nicht das seien, was sie sind. Sie sind genau das, was sie sind, nichts mehr als das. Wenn wir aber unwissend sind, wenn wir diese Wahrheiten nicht verstanden haben, neigen wir zur Auffassung, dass Dinge mehr seien als das, was sie sind. In Verbindung mit den Zuständen, die wir erleben, kreieren wir alle möglichen Auffassungen und damit auch alle möglichen Probleme.

Dieses „Extra", das aus Unwissenheit im Augenblick erzeugt wird, schafft soviel an menschlicher Qual und Verzweiflung. Es ist traurig zu sehen, wie das Elend, die Qual und Verzweiflung der Menschheit auf Täuschung beruhen; die Verzweiflung ist leer und sinnlos. Wenn du das erkennst, beginnst du, unendliches Mitgefühl für alle Wesen zu empfinden. Wie kannst du jemanden hassen, einen Groll gegen ihn hegen oder ihn verdammen, der in dieser Fessel von Unwissenheit gefangen ist? Jeder wird doch durch seine falsche Sicht der Dinge zu dem verleitet, was er tut.

Wenn wir meditieren, erleben wir eine gewisse Gelassenheit und Stille, in der die Geistestätigkeit sich verlangsamt hat. Wenn wir mit ruhigem Geist etwas anschauen, zum Beispiel eine Blume, dann sehen wir es, wie es ist. Wenn kein Ergreifen da ist – es nichts zu erreichen oder loszuwerden gibt – und wenn das, was wir mit unseren Sinnen sehen, hören oder erleben, schön ist, dann ist es wirklich schön. Wir kritisieren oder vergleichen es nicht, und wir versuchen nicht, es zu beherrschen oder zu besitzen. Wir finden Freude und Vergnügen an der Schönheit um uns herum, weil kein Zwang da ist, etwas daraus zu machen. Es ist genau das, was es ist.

Schönheit erinnert uns an Reinheit, Wahrheit und absolute Schönheit. Wir sollten sie nicht als eine Art Köder betrachten, der uns irreführen will: „Diese Blumen sind nur dazu da, mich anzulocken, so dass ich von ihnen irregeführt werde." – Das ist die Haltung eines Meditations-Miesepeters! Wenn wir einen Vetreter des anderen Geschlechts mit reinem Herzen betrachten, erkennen wir dessen Schönheit an, ohne Verlangen nach irgend einer Art von

Kontakt oder Besitz zu haben. Wir können uns an der Schönheit anderer Menschen erfreuen, ob Mann oder Frau, solange wir kein selbstsüchtiges Interesse oder Verlangen haben. Da ist Ehrlichkeit; alles ist, was es ist. Das verstehen wir unter Befreiung oder *vimutti* in Pali. Wir sind von solchen Fesseln befreit, die die uns umgebende Schönheit, wie etwa unseren Körper, verzerren oder korrumpieren. Doch unser Geist kann so korrupt und negativ, so deprimiert und versessen auf alle möglichen Dinge sein, dass wir sie nicht mehr so sehen, wie sie sind. Wenn es uns an Richtigem Verstehen mangelt, sehen wir alles durch immer dicker werdende Filter und Schleier.

Richtiges Verstehen soll durch Reflektieren entwickelt werden, und dabei nimmt man die Lehre des Buddha zuhilfe. Das *Dhammacakkappavattana Sutta* selbst ist eine sehr interessante Unterweisung, die man kontemplieren und als Richtlinie zur Betrachtung nutzen sollte. Wir können auch andere Sutten aus dem *Tipitaka** benutzen, zum Beispiel solche, die sich mit *paticcasamuppāda* (abhängigem Entstehen*) befassen. Dies ist eine faszinierende Lehre, die man reflektieren sollte. Wenn du solche Unterweisungen kontemplieren kannst, wirst du klar erkennen, wo der Unterschied liegt zwischen der Art, wie Dinge im Sinne von Dhamma sind, und dem Punkt, an dem wir dazu neigen, Illusionen über die Beschaffenheit der Dinge zu kreieren. Dies ist der Grund, warum wir voll bewusste Achtsamkeit für die Dinge, wie sie sind, entwickeln müssen. Wo Wissen über die Vier Edlen Wahrheiten ist, da ist Dhamma.

Mit Richtigem Verstehen wird alles als Dhamma gesehen; zum Beispiel: Wir sitzen hier. – Das ist Dhamma. Wir halten diesen Körper und Geist nicht für eine Persönlichkeit mit all ihren Sichtweisen und Meinungen und all den konditionierten Gedanken und Reaktionen, die wir durch Unwissenheit erworben haben. Wir reflektieren über diesen gegenwärtigen Moment auf diese Weise: „Dies ist so, wie es ist. Dies ist Dhamma." Wir rufen das Verständnis ins Bewusstsein, dass diese körperliche Gestaltung einfach Dhamma ist. Sie ist Nicht-Selbst, nicht persönlich.

Auch sehen wir die Empfindsamkeit dieser körperlichen Gestaltung als Dhamma und nehmen sie nicht persönlich: „Ich bin sensibel." oder „Ich bin nicht sensibel." „Für mich bist du nicht sensibel. Wer ist der Sensibelste?" – "Warum fühlen wir Schmerz? Warum hat Gott Schmerz geschaffen? Warum hat er nicht nur Vergnügen geschaffen? Warum gibt es soviel Elend und Leiden in der Welt? Das ist nicht fair. Menschen sterben, und wir müssen uns von den Menschen, die wir lieben, trennen. Es ist eine furchtbare Qual!"

Darin liegt kein Dhamma, oder? Es handelt sich nur um eine selbstbezogene Sichtweise: „Ich Armer. Ich mag das nicht, ich will nicht, dass es so ist. Ich will Sicherheit, Glück, Vergnügen und von allem das Beste. Es ist nicht fair, dass ich all dies nicht habe. Es ist nicht fair, dass meine Eltern keine *Arahants* waren, als ich zur Welt kam. Es ist nicht fair, dass niemals *Arahants* als britische Premierminister gewählt werden. Wenn alles gerecht zuginge, dann würden sie *Arahants* als Premierminister wählen."

Ich versuche, dieses Gefühl von „es ist nicht richtig, es ist nicht fair" ad absurdum zu führen, um zu zeigen, wie wir von Gott erwarten, dass er alles für uns erschafft und für unser Glück und unsere Sicherheit sorgt. Das ist, was viele Menschen denken, auch wenn sie es nicht aussprechen. Wenn wir aber nachdenken, erkennen wir: „Das ist, wie es ist. So ist Schmerz, und so ist Vergnügen. So ist Bewusstsein." Wir fühlen. Wir atmen. Wir können nach etwas streben.

Wenn wir reflektieren, kontemplieren wir unsere eigene Menschlichkeit, wie sie ist. Wir nehmen es nicht mehr persönlich und wir beschuldigen niemanden, wenn Dinge nicht genau so sind, wie wir sie mögen oder haben wollen. Es ist, wie es ist, und wir sind, wie wir sind. Du könntest fragen, warum wir nicht alle genau gleich sein können – mit der gleichen Wut, der gleichen Gier und der gleichen Unwissenheit, ohne all die Variationen und Permutationen. Obwohl sich menschliches Erleben auf im Grunde gleiche Bedingungen zurückführen lässt, hat doch jeder von uns mit seinem eigenen *kamma** zu tun – seinen eigenen Obsessionen und Neigungen, die sich immer qualitativ und quantitativ von denen der anderen unterscheiden.

Warum können wir nicht alle gleich sein, von allem genau das Gleiche besitzen und alle gleich aussehen – ein androgynes Wesen? In einer solchen Welt wäre nichts unfair, wären keine Unterschiede erlaubt, wäre alles absolut vollkommen, Ungleichheit nicht möglich. Doch wenn wir Dhamma erkennen, sehen wir, dass im Reich der bedingten Erscheinungen keine zwei Dinge identisch sind. Sie sind alle ziemlich unterschiedlich, sind unendlich variabel und wechselhaft, und je mehr wir versuchen, die Bedingungen unseren Ideen anzupassen, desto frustrierter werden wir. Wir versuchen, uns gegenseitig und die Gesellschaft so zu erschaffen, dass sie unseren Ideen davon entsprechen, wie alles sein sollte, aber das endet immer damit, dass wir uns frustriert fühlen. Wenn wir darüber reflektieren, erkennen wir: „Dies ist so, wie es ist." Dies ist so, wie Dinge sein müssen – sie können gar nicht anders sein.

Nun ist dies keine fatalistische oder negative Betrachtung. Es kommt nicht von der Haltung: „So ist es nun einmal, und daran kann man nichts ändern." Es ist eine sehr positive Antwort auf das Dasein, mit der wir den Fluss des Lebens so akzeptieren, wie er ist. Selbst wenn es nicht das ist, was wir uns wünschen, können wir es doch akzeptieren und daraus lernen.

Wir sind bewusste, intelligente Wesen mit gutem Gedächtnis. Wir besitzen Sprache. Im Laufe der Jahrtausende haben wir Vernunft, Logik und unterscheidendes Denken entwickelt. Jetzt geht es darum herauszufinden, wie wir diese Fähigkeiten als Werkzeuge zum Erkennen von Dhamma einsetzen können, anstatt sie als persönliche Errungenschaften oder Probleme zu betrachten. Menschen, die ihr unterscheidendes Denken entwickeln, wenden es am Ende oft gegen sich selbst; sie werden sehr selbstkritisch und beginnen sogar, sich selbst zu hassen. Das liegt daran, dass unsere Fähigkeit zum unterscheidenden Denken sich oft auf das konzentriert, was nicht stimmt. Darum geht es doch beim unterscheidenden Denken: zu erkennen, wie sich dieses von jenem unterscheidet. Wenn du das mit dir selbst machst – worauf wird das hinauslaufen? Nur auf eine ganze Liste mit Mängeln und Fehlern, die dich als hoffnungslosen Fall erscheinen lassen.

Wenn wir Rechtes Verstehen entwickeln, gebrauchen wir unsere Intelligenz zum Reflektieren und Kontemplieren von Dingen. Ebenso gebrauchen wir unsere Achtsamkeit, indem wir dafür, wie es ist, offen sind. Wenn wir auf diese Weise reflektieren, gebrauchen wir Achtsamkeit und Weisheit gleichzeitig. Jetzt benutzen wir also unser Unterscheidungsvermögen mit Weisheit *(vijja)* statt mit Unwissenheit *(avijja)*. Diese Lehrrede von den Vier Edlen Wahrheiten soll dir dabei helfen, deine Intelligenz zu gebrauchen – deine Fähigkeit zu kontemplieren, zu reflektieren und zu denken – auf weise, nicht auf selbstzerstörerische, gierige oder hasserfüllte Art.

Rechtes Streben

Das zweite Element des Achtfachen Pfades ist *sammā sankappa*. Es wird manchmal mit „Rechter Gedanke", „auf die rechte Weise denken", übersetzt. Tatsächlich besitzt es jedoch eine eher dynamische Eigenschaft – so wie „Absicht", „Geisteshaltung" oder „Streben" (englisch: „aspiration"). Ich benutze gern das Wort "Streben", das für diesen Achtfachen Pfad in gewisser Weise sehr bedeutungsvoll ist – denn es ist wahr, dass wir streben.

Es ist wichtig zu erkennen, das Streben nicht mit Verlangen gleichzusetzen ist. Der Pali-Begriff *tanhā* bedeutet Verlangen, ein Verlangen, das aus Unwissenheit entsteht, während *sankappa* dagegen Streben bedeutet, welches nicht aus Unwissenheit entsteht. Streben könnte uns leicht als eine Art Verlangen erscheinen, weil wir den Begriff „Verlangen" (englisch: „desire") für alle Dinge dieser Art benutzen – sei es Streben oder Wollen. Man könnte meinen, dass Streben eine Art *tanhā* sei, erleuchtet werden wollen *(bhava tanhā)* – jedoch kommt *sammā sankappa* von Rechtem Verstehen, klarem Erkennen. Es geht nicht darum, irgendetwas werden zu wollen; es ist nicht das Verlangen, als Individuum erleuchtet zu werden. Mit Rechtem Verstehen macht diese ganze Illusion, diese Art des Denkens, keinen Sinn mehr.

Streben ist ein Gefühl, eine uns innewohnende Absicht, Geisteshaltung oder Bewegung. Unser Geist erhebt sich, er sinkt nicht hinab – es ist kein Gefühl von Verzweiflung! Wenn Rechtes Verstehen gegenwärtig ist, dann streben wir nach Wahrheit, Schönheit und Tugend. *Sammā ditthi* und *sammā sankappa,* Rechtes Verstehen und Rechtes Streben, werden mit *paññā,* oder Weisheit, bezeichnet und bilden zusammen den ersten der drei Abschnitte auf dem Achtfachen Pfad.

Wir können kontemplieren: Woher kommt es, dass wir auch dann noch nicht zufrieden sind, wenn wir von allem das Beste haben? Wir sind nicht vollkommen glücklich, selbst wenn wir ein schönes Haus und ein Auto besitzen, die perfekte Ehe führen, wunderbare, aufgeweckte Kinder haben und was es noch alles gibt – und wir sind gewiss nicht zufrieden, wenn wir all dies nicht haben! – Wenn wir all dies nicht haben, dann denken wir vielleicht: „Also, wenn ich das Beste hätte, dann wäre ich zufrieden." Aber auch dann wären wir nicht zufrieden. Die Erde ist nicht der Ort, an dem wir Zufriedenheit finden können, das ist nicht ihre Aufgabe. Wenn wir das erkennen, erwarten wir nicht länger, dass der Planet Erde uns zufriedenstellt; wir lösen uns von diesem Anspruch.

Solange wir nicht erkennen, dass dieser Planet nicht all unsere Wünsche befriedigen kann, fragen wir weiterhin: „Warum kannst du mich nicht zufriedenstellen, Mutter Erde?" Wir sind wie kleine Kinder, die an der Mutterbrust trinken und ständig versuchen, soviel wie möglich aus ihr herauszuholen, und die auf immer von ihr genährt, gefüttert und zufriedengestellt werden wollen.

Wären wir zufrieden, würden wir uns über die Dinge keine Gedanken machen. Aber wir erkennen, dass es mehr gibt als nur den Boden unter unseren Füssen. Es gibt etwas Höheres, das wir nicht ganz begreifen können. Wir besitzen die Fähigkeit, über das Leben zu staunen und nachzudenken, seine Bedeutung zu kontemplieren. Wenn du wissen willst, was der Sinn deines Lebens ist, kannst du mit materiellen Gütern, Komfort und Sicherheit allein nicht zufrieden sein.

Also streben wir danach, die Wahrheit zu erkennen. Man könnte dies für ein etwas vermessenes Verlangen oder Streben halten: „Wofür halte ich mich eigentlich? Ich kleiner Wichtigtuer versuche wieder, die Wahrheit über alles zu erkennen." Aber dieses Streben ist einfach da. Warum ist es in uns, wenn es nicht auch etwas bewirken könnte? Denke nur an das Konzept einer letztendlichen Wirklichkeit. Eine absolute oder letztendliche Wahrheit ist ein sehr verfeinertes Konzept. Die Idee von Gott, vom Todlosen oder Unsterblichen ist wirklich eine sehr verfeinerte Vorstellung. Wir streben danach, diese letztendliche Wirklichkeit zu erkennen. Die animalische Seite in uns kennt dieses Streben nicht, sie weiss nichts von solchen Zielen. Aber in jedem von uns gibt es eine intuitive Intelligenz, die wissen will. Sie ist immer da, aber wir neigen dazu, sie nicht zu beachten, wir verstehen sie nicht. Wir neigen dazu, sie zu verwerfen oder ihr zu misstrauen – moderne Materialisten ganz im Besonderen. Sie halten sie einfach für Fantasie, für nicht real.

Ich für meinen Teil war wirklich glücklich, als ich erkannte, dass dieser Planet nicht meine wirkliche Heimat ist. Ich hatte das schon immer vermutet. Ich erinnere mich, wie ich schon als kleines Kind dachte: „Ich gehöre nicht wirklich hierher." Ich habe nie das ausgeprägte Gefühl gehabt, dass ich wirklich auf den Planeten Erde gehöre – schon vor meiner Zeit als Mönch hatte ich niemals das Gefühl, in die Gesellschaft hineinzupassen. Manche Menschen halten das vielleicht nur für ein neurotisches Problem, aber könnte es nicht ebensogut solch eine Intuition sein, wie Kinder sie häufig besitzen? Wenn man eine kindliche Unschuld hat, ist der Geist sehr intuitiv. Der Geist eines Kindes steht viel intuitiver mit geheimnisvollen Kräften in Kontakt als der Geist der meisten Erwachsenen. Im Laufe unseres Erwachsenwerdens werden wir darauf konditioniert, in fest gefügten Bahnen zu denken und starre Vorstellungen davon zu haben, was real ist und was nicht. In der Zeit, in der wir unser Ego entwickeln, diktiert uns die Gesellschaft, was real ist und was nicht, was richtig und was falsch ist, und wir beginnen, die Welt mithilfe dieser festgelegten Vorstellungen zu interpretieren. Was für uns den Charme eines Kindes ausmacht, ist, dass es genau dies noch nicht tut. Es sieht die Welt noch mit dem intuitiven, noch nicht konditionierten Geist.

Meditation ist ein Weg, den Geist von Konditionierungen

zu befreien, sie hilft uns, all unsere eingefahrenen Sichtweisen und starren Vorstellungen loszulassen. Normalerweise tun wir das Reale ab und wenden unsere ganze Aufmerksamkeit dem zu, was nicht real ist. Genau das ist Unwissenheit *(avijjā)*.

Die Kontemplation unseres menschlichen Strebens verbindet uns mit etwas, das höher ist als das Tierreich oder der Planet Erde. Mir erscheint diese Verbindung wahrhaftiger als der Gedanke, dass das Irdische schon alles sei, dass, wenn man einmal stirbt, der Körper verwesen werde, und dass damit alles vorbei sei. Wenn wir über dieses Universum, in dem wir leben, staunen und nachdenken, scheint es uns unermesslich groß, geheimnisvoll und unfassbar. Doch wir können mit etwas mehr Vertrauen in unsere Intuition empfänglich werden für all das, was wir vielleicht schon vergessen haben oder wofür wir bisher noch nicht offen waren – wir öffnen uns, wenn wir starre, konditionierte Reaktionen loslassen.

Vielleicht haben wir die feste Vorstellung, eine Persönlichkeit zu sein, ein Mann oder eine Frau, ein Engländer oder ein Amerikaner. Diese Dinge können uns sehr real erscheinen, und wir können uns darüber ziemlich aufregen. Wir sind sogar bereit, uns gegenseitig deswegen umzubringen, weil wir an diesen konditionierten Sichtweisen haften, an sie glauben und sie niemals in Frage stellen. Ohne Rechtes Streben und Rechtes Verstehen, ohne *paññā*, können wir die wahre Natur dieser Sichtweisen niemals erkennen.

Recht Rede, Rechtes Handeln, Rechter Lebenserwerb

Sīla, der moralische Aspekt des Achtfachen Pfades, besteht aus Rechter Rede, Rechtem Handeln und Rechtem Lebenserwerb, das heißt, Verantwortung zu übernehmen für das, was wir sagen, und darauf zu achten, was wir mit unserem Körper tun. Wenn ich achtsam und präsent bin, spreche ich auf eine der Zeit und dem Ort angemessene Weise, ebenso handle oder arbeite ich der Zeit und dem Ort gemäß.

In uns wächst die Erkenntnis, dass wir vorsichtig sein müssen mit dem, was wir tun und sagen, andernfalls werden wir uns ständig selbst weh tun. Wenn du etwas Unfreundliches oder Grausames tust oder sagst, wird das immer ein unmittelbares Ergebnis haben. In der Vergangenheit ist es dir vielleicht möglich gewesen, mit einer Lüge davonzukommen, indem du dich abgelenkt hast und zu etwas anderem übergegangen bist, so dass du nicht weiter darüber nachdenken musstest. Für eine Weile konntest du alles darüber vergessen, bis es dich schließlich doch eingeholt hat. Wenn wir aber *sīla* praktizieren, scheinen solche Dinge direkt zurückzukommen. Selbst wenn ich nur übertreibe, sagt etwas in mir: „Du solltest nicht übertreiben, du solltest vorsichtiger sein." Ich hatte die Angewohnheit, Dinge zu übertreiben – es ist Teil unserer Kultur, es scheint völlig normal zu sein. Wenn du aber achtsam bist, hat selbst die kleinste Lüge oder Tratscherei eine sofortige Wirkung, weil du vollkommen offen, verletzlich und sensibel bist. Und dann bist du vorsichtig mit dem, was du tust. Du erkennst, dass es wichtig ist, die Verantwortung für dein Handeln und Sprechen zu übernehmen.

Der Impuls, jemandem zu helfen, ist ein hilfreicher *dhamma**. Wenn du jemanden ohnmächtig werden und zu Boden fallen siehst, geht ein hilfreicher *dhamma* durch dein Bewusstsein: „Hilf diesem Menschen", und du gehst hin und hilfst ihm, sich von seinem Ohnmachtsanfall zu erholen. Wenn du das mit leerem Geist tust – nicht aus einem persönlichen Verlangen nach Vorteil, sondern einfach aus Mitgefühl und weil es die richtige Art zu handeln ist – dann ist es einfach ein hilfreicher *dhamma*. Es ist nicht persönliches *kamma*, es ist nicht deins. Wenn du es aber aus dem Verlangen, dir Verdienste zu erwerben, tust, und um andere zu beeindrucken, oder weil der Mensch reich ist und du dir eine Belohnung für dein Handeln erhoffst, dann gehst du – obwohl die Handlung hilfreich ist – eine persönliche Verbindung mit ihr ein, und dies verstärkt deine Selbstbezogenheit. Wenn wir gute Werke aus Achtsamkeit und Weisheit tun und nicht aus Unwissenheit, sind sie hilfreiche *dhammas* ohne persönliches *kamma*.

Der Buddha gründete den Kloster-Orden, um Männern und Frauen die Gelegenheit zu geben, ein untadeliges Leben zu führen, frei von jeder Schuld. Als *Bhikkhu** lebst du in einem ganzen System von Trainings-Richtlinien, der *Patimokkha*-Disziplin. Wenn du nach dieser Disziplin lebst, hinterlässt dein Reden oder Handeln, selbst wenn es unachtsam ist, zumindest keine tiefen Spuren. Du kannst kein Geld haben, also kannst du nicht einfach irgendwo hingehen, solange du nicht eingeladen worden bist. Du lebst im Zölibat. Da du dich von Almosen ernährst, tötest du keine Tiere. Du pflückst nicht einmal Blumen oder Blätter und tust auch sonst nichts, das den natürlichen Fluss in irgend einer Weise stören könnte, du bist vollkommen harmlos. In Thailand mussten wir tatsächlich Wasserfilter mit uns tragen, um alle Lebewesen, wie zum Beispiel Moskito-Larven, aus dem Wasser herauszufiltern. Es ist absolut verboten, etwas absichtlich zu töten.

Ich lebe jetzt seit über fünfundzwanzig [nunmehr vierzig] Jahren nach diesen Regeln, habe also wirklich keine schwerwiegenden kammischen Handlungen begangen. Mit dieser Disziplin lebt man auf eine sehr harmlose, sehr verantwortliche Weise. Der vielleicht schwierigste Teil ist die Rede. Von allen Gewohnheiten sind Redegewohnheiten am schwierigsten zu durchbrechen und loszulassen – aber auch sie können sich bessern. Durch Reflektieren und Kontemplieren beginnt man zu erkennen, wie unerfreulich es ist, Unsinn zu reden oder einfach grundlos zu schwatzen und die Zeit mit Reden totzuschlagen.

Als Laie entwickelt man Rechten Lebenserwerb, wenn man erkennt, welche Absichten man bei seinem Tun verfolgt. Du kannst versuchen zu vermeiden, anderen Lebewesen absichtlich zu schaden oder deinen Lebensunterhalt auf schädliche, unfreundliche Art zu verdienen. Du kannst auch versuchen, einen Lebenserwerb zu vermeiden, der dazu führt, dass andere Menschen drogen- oder alkoholabhängig werden, oder der das ökologische Gleichgewicht des Planeten gefährdet.

Diese drei – Rechtes Handeln, Rechte Rede und Rechter Lebenserwerb – leiten sich also aus Rechtem Verstehen oder vollkommenem Wissen ab. Allmählich fühlen wir, dass wir auf eine Art leben wollen, die ein Segen für diesen Planeten ist oder ihm zumindest nicht schadet.

Rechtes Verstehen und Rechtes Streben haben einen deutlichen Einfluss auf das, was wir tun und sagen. So führt *paññā*, oder

Weisheit, zu *sīla:* Rechte Rede, Rechtes Handeln und Rechter Lebenserwerb. *Sīla* bezieht sich auf unsere Rede und unsere Handlungen. Mit *sīla* bändigen wir auch den Geschlechtstrieb oder die körperliche Gewaltbereitschaft – wir benutzen den Körper nicht zum Töten oder Stehlen. Auf diese Weise wirken *paññā* und *sīla* in vollkommener Harmonie zusammen.

Rechtes Bemühen, Rechte Achtsamkeit, Rechte Konzentration

Rechtes Bemühen, Rechte Achtsamkeit und Rechte Konzentration beziehen sich auf das Spirituelle in dir, auf dein Herz. Wenn wir an das Spirituelle denken, zeigen wir auf die Mitte der Brust, zum Herzen. Wir haben also *paññā* (den Kopf), *sīla* (den Körper) und *samādhi* (das Herz). Du kannst dir deinen Körper als eine Art Schaubild vorstellen, als Sinnbild des Achtfachen Pfades. Diese drei bilden eine Einheit, wirken zusammen für die Befreiung und unterstützen sich gegenseitig wie die drei Beine eines Stativs. Keines dominiert das andere, es gibt zwischen ihnen keinerlei Ausnutzung oder Zurückweisung.

Sie wirken zusammen: Die Weisheit aus Rechtem Verstehen und Rechter Absicht; dann Moral, bestehend aus Rechter Rede, Rechtem Handeln und Rechtem Lebenserwerb; und schließlich Rechtes Bemühen, Rechte Achtsamkeit und Rechte Konzentration – der ausgewogene, gleichmütige Geist, emotionale Gelassenheit. Gelassenheit bedeutet, dass die Emotionen im Gleichgewicht sind, einander unterstützen. Es gibt kein gefühlsmäßiges Auf und Ab. Da ist ein Gefühl von Glück, von Gelassenheit; zwischen dem Intellekt, dem Instinkt und den Gefühlen herrscht vollkommene Harmonie. Sie helfen und unterstützen sich gegenseitig. Sie liegen nicht länger im Widerstreit und führen uns nicht zu Extremen, und deshalb beginnen wir, einen unglaublichen geistigen Frieden zu spüren. Aus dem Achtfachen Pfad erwächst ein Gefühl von Erleichterung und Furchtlosigkeit – ein Gefühl des Gleichmuts und des emotionalen Gleichgewichts. Anstatt dieses Gefühl von Angst, Anspannung und emotionalem Konflikt zu verspüren, fühlen wir uns erleichtert.

Da ist Klarheit, da ist Frieden, Stille, Wissen. Diese Einsicht in den Achtfachen Pfad sollte entwickelt werden, das ist *bhāvanā*. Wir benutzen das Wort *bhāvanā* im Sinne von Entwicklung.

Aspekte der Meditation

Diese geistige Betrachtungsfähigkeit und emotionale Ausgeglichenheit werden durch das Praktizieren von Konzentrations- und Achtsamkeits-Meditation entwickelt. Du kannst zum Beispiel während eines Retreats experimentieren und eine Stunde in *Samatha*-Meditation verbringen, wobei du deinen Geist nur auf ein Objekt konzentrierst, zum Beispiel auf die Empfindung des Atmens. Bringe sie immer wieder ins Bewusstsein und halte sie dort, so dass sie tatsächlich fortlaufend im Geist gegenwärtig ist.

Auf diese Weise näherst du dich dem, was in deinem eigenen Körper vorgeht, anstatt dich von äußeren Sinnesobjekten ablenken zu lassen. Wenn Du keine innere Zuflucht besitzt, dann wirst du dich ständig nach außen wenden und dich ganz von Büchern, Essen und allen möglichen Arten der Ablenkung vereinnahmen lassen. Doch diese endlose Bewegung des Geistes ist sehr ermüdend. Stattdessen übst du dich also darin, deinen Atem zu betrachten – was bedeutet, dass du dich von der Neigung, nach äußeren Sinnesobjekten zu suchen, zurückziehst, ihr nicht nachgibst. Du musst deine Aufmerksamkeit auf das Atmen des eigenen Körpers lenken und den Geist auf diese Empfindung konzentrieren. Wenn du dich von der groben Form löst, wirst du tatsächlich zu diesem Gefühl, zu dieser Erscheinung selbst. Worin du dich auch vertiefst, dazu wirst du für eine Weile. Wenn du dich wirklich konzentrierst, dann bist du zu diesem beruhigten Zustand geworden. Du bist ruhig geworden. Das nennen wir Werden. *Samatha*-Meditation ist ein Prozess des Werdens.

Doch diese Ruhe ist, wenn du sie näher untersuchst, keine befriedigende Ruhe. Etwas fehlt ihr, denn sie basiert auf der Anwendung einer Technik, auf Anhaften und Festhalten, auf etwas, das immer noch einen Anfang und ein Ende hat. Was du wirst, kannst du nur vorübergehend werden, denn Werden ist etwas Veränderliches. Es ist kein Dauerzustand. Was immer du also wirst, das wirst du wieder los-werden. Es ist keine letztendliche Wirklichkeit. Egal, wie weit du in deiner Konzentration kommst, es wird immer ein unbefriedigender Zustand sein. *Samatha*-Meditation führt dich zu einigen sehr hohen und strahlenden geistigen Erfahrungen – doch haben sie alle ein Ende.

Wenn du dann eine weitere Stunde *Vipassana*-Meditation praktizierst, indem du einfach achtsam bist und alles loslässt und die Ungewissheit, die Stille und das Vergehen von Zuständen akzeptierst, wirst du dich im Ergebnis eher friedlich als ruhig fühlen. Und dieser Frieden ist ein perfekter Frieden. Er ist vollkommen. Es ist nicht die Ruhe von *Samatha,* die selbst im besten Falle etwas Unvollkommenes oder Unbefriedigendes an sich hat. Wenn du diese Wahrnehmung von Vergehen mehr und mehr entwickelst und verstehst – das ist es, was dir wahren Frieden bringt, Nicht-Anhaften, *Nibbāna*.

Auf diese Weise sind *Samatha* und *Vipassana* zwei Teile der Meditation. Im einen entwickeln wir konzentrierte Geisteszustände, die sich auf verfeinerte Objekte richten, wobei unser Bewusstsein sich durch diese Konzentration verfeinert. Doch wenn man furchtbar verfeinert ist, einen großartigen Intellekt und Sinn für große Schönheit besitzt, dann erscheint alles Grobe unerträglich – wegen des Anhaftens an alles Verfeinerte. Menschen, die ihr Leben allein der Verfeinerung gewidmet haben, finden das Leben dann furchtbar frustrierend und erschreckend, wenn sie diesen hohen Standard nicht länger aufrechterhalten können.

Verstand und Gefühl

Wenn du logisches Denken liebst und an Ideen und Vorstellungen hängst, dann wirst du wahrscheinlich Emotionen verachten. Du kannst dir dieser Neigung bewusst werden, wenn du spürst, wie Gefühle aufkommen, und du dir dann sagst: „Ich werde das nicht beachten, ich mag sowas nicht fühlen." Du magst dich nicht mit Gefühlen beschäftigen, weil Intelligenz und rationales Denken eine Reinheit und Freude vermitteln, die dich in eine Art von Hochstimmung versetzen können. Der Verstand findet großen Gefallen an seiner logischen und kontrollierbaren Art, daran, wie er Sinnvolles schafft. Er funktioniert einfach so sauber und geordnet und präzise, wie die Mathematik – aber die Emotionen sind ein großes Durcheinander, oder? Sie sind nicht präzise, nicht geordnet, und sie können leicht außer Kontrolle geraten.

So wird unsere emotionale Natur oft gering geschätzt. Wir fürchten uns vor ihr. Männer zum Beispiel haben oft große Angst vor Gefühlen, weil wir in dem Glauben erzogen worden sind, dass Männer nicht weinen. Zumindest in meiner Generation wurde uns schon als kleine Jungs beigebracht, dass Jungen nicht weinen, also versuchten wir, dem Ideal von einen richtigen Jungen gerecht zu werden. Uns wurde gesagt: „Du bist ein Junge", und so versuchten wir, das zu sein, was unsere Eltern von uns erwarteten. Die gesellschaftlichen Vorstellungen wirken sich auf unsere Geisteshaltung aus, und daher finden wir Emotionen peinlich. Die Menschen hier in England finden Emotionen im allgemeinen sehr peinlich. Wenn du ein bisschen zu emotional wirst, glauben sie, dass du gewiss Italiener bist oder irgend ein anderer Ausländer.

Wenn du sehr rational bist und dir alles verstandesmäßig zurechtgelegt hast, dann weißt du nicht weiter, wenn jemand emotional reagiert. Wenn jemand zu weinen anfängt, fragst du dich: „Was soll ich bloß tun?" Vielleicht sagst du: „Kopf hoch, alles in Ordnung, Schatz. Alles wird gut, kein Grund zum Weinen." Wenn du stark im rationalen Denken verhaftet bist, dann wirst du einfach dazu neigen, Gefühle mit Logik zu entwerten, aber Emotionen sind für Logik nicht empfänglich. Oft reagieren sie auf Logik, aber sie sind nicht empfänglich für sie. Emotionen sind eine heikle Angelegenheit, und sie funktionieren auf eine Weise, die wir manchmal nicht verstehen. Wenn wir niemals wirklich erforscht oder zu verstehen versucht haben, was es heißt, Leben zu fühlen, wenn wir uns niemals wirklich geöffnet und uns erlaubt haben, feinfühlig zu sein, dann sind emotionale Vorgänge für uns sehr beängstigend und peinlich. Wir wissen nicht, was es mit ihnen auf sich hat, weil wir diese Seite von uns unterdrückt haben.

An meinem dreißigsten Geburtstag erkannte ich, dass ich ein emotional unterentwickelter Mann war. Es war ein wichtiger Geburtstag für mich. Mir wurde klar, dass ich ein ausgewachsener, reifer Mann war – ich betrachtete mich nicht länger als Jugendlichen –, aber emotional, denke ich, war ich ungefähr sechs Jahre alt. Auf dieser Ebene hatte ich mich nicht sehr entwickelt. Obwohl ich in Gesellschaft das sichere Auftreten und die Erscheinung eines reifen Mannes hatte, entsprach das nicht immer dem, wie ich mich fühlte. Ich hatte noch sehr starke ungeklärte Gefühle und Ängste im Geist. Es wurde mir klar, dass ich daran arbeiten musste, denn der Gedanke, den Rest meines Lebens auf dem emotionalen Stand eines Sechsjährigen zu verbringen, war eine ziemlich trostlose Aussicht.

In unserer Gesellschaft bleiben viele von uns hier stecken. Zum Beispiel erlaubt die amerikanische Gesellschaft einem nicht, sich emotional zu entwickeln, zu reifen. Sie versteht dieses Bedürfnis überhaupt nicht und daher stellt sie keine Übergangs-Riten für Männer bereit. Die Gesellschaft stellt diese Art von Einführung in eine reife Welt nicht bereit. Es wird von dir erwartet, dass du dein ganzes Leben unreif bleibst. Es wird von dir erwartet, auf reife Weise zu handeln, es wird aber nicht von dir erwartet, reif zu sein. Darum sind es auch nur sehr wenige. Emotionen werden nicht wirklich verstanden oder gelöst – ihre kindischen Tendenzen werden nur unterdrückt und nicht zur Reife gebracht.

Meditation bietet nun die Chance, auf emotionaler Ebene zu reifen. Vollkommene emotionale Reife wäre *sammā vāyāma, sammā sati* und *sammā samādhi*. Dies ist eine Art der Betrachtung. Du wirst das in keinem Buch finden – es ist für dich, zur Kontemplation. Vollkommene emotionale Reife umfasst Rechtes Bemühen,

Rechte Achtsamkeit und Rechte Konzentration. Sie ist gegenwärtig, wenn man sich nicht in Schwankungen und Wandlungen verfängt, wenn man Ausgeglichenheit und Klarheit besitzt und in der Lage ist, empfänglich und feinfühlig zu sein.

Die Dinge, wie sie sind

Mit Rechtem Bemühen kann ich eine gelassene Haltung einnehmen, mit der ich die Situation akzeptiere, anstatt dadurch in Panik zu geraten, dass ich es für meine Aufgabe halte, alles und jedes richtig zu stellen und jedermanns Probleme zu lösen. Wir tun unser Bestes, aber wir erkennen auch, dass es nicht unsere Aufgabe ist, alles zu erledigen und alles in Ordnung zu bringen.

Einmal, als ich bei Ajahn Chah in Wat Pah Pong war, bemerkte ich, dass vieles im Kloster falsch lief. Ich ging also zu ihm hoch und sagte: „Ajahn Chah, diese Dinge laufen falsch; du musst etwas tun." Er sah mich an und sagte: „Oh, du leidest viel, Sumedho. Du leidest viel. Es wird sich ändern." Ich dachte: „Es interessiert ihn nicht! Dies ist das Kloster, dem er sein Leben gewidmet hat, und er lässt es einfach den Bach runtergehen!" Aber er hatte recht. Nach einer Weile begann es sich zu ändern, einfach dadurch, dass er geduldig damit war, fingen die Leute an zu betrachten, was sie taten. Manchmal müssen wir die Dinge den Bach runtergehen lassen, damit die Menschen das sehen und erfahren können. Dann können wir lernen, wie man nicht den Bach runtergeht.

Verstehst du, was ich sagen will? Manchmal gibt es Situationen in unserem Leben, die einfach so sind. Da ist nichts, was wir tun können, und deshalb lassen wir sie sein, wie sie sind; selbst wenn sie sich verschlechtern, lassen wir zu, dass sie sich verschlechtern. Aber dies ist keine fatalistische oder negative Art, damit umzugehen. Es ist eine Art Geduld – bereit sein, etwas zu ertragen, diesem dann zu erlauben, sich auf natürliche Weise zu verändern, anstatt egoistisch zu versuchen, alles zurechtzubiegen und allen Dreck wegzumachen, weil wir Abneigung und Widerwillen gegen alles Unordentliche haben.

Dann fühlen wir uns nicht gleich angegriffen, verletzt oder ärgerlich, wenn jemand unseren wunden Punkt trifft, und wir sind nicht gleich am Boden zerstört aufgrund dessen, was jemand sagt oder tut. Ich kenne eine Person, die gern bei allem übertreibt. Wenn heute etwas schief geht, dann sagt sie bestimmt: „Ich bin zutiefst und absolut erschüttert!" – dabei gab es nur ein kleines Problem. Aber ihr Geist übertreibt dermaßen, dass sie durch einen winzigen Vorfall für den Rest des Tages am Boden zerstört sein kann. Wenn wir das sehen, sollten wir erkennen, dass hier ein großes Ungleichgewicht herrscht – Kleinigkeiten sollten niemanden total erschüttern.

Ich erkannte, dass ich mich leicht beleidigt fühlte, worauf ich mir schwor, mich nicht mehr beleidigt zu fühlen. Mir war aufgefallen, wie leicht ich mich von kleinen Dingen, ob sie absichtlich oder unabsichtlich geschahen, verletzt fühlte. Wir können sehen, wie leicht wir uns gekränkt fühlen, verletzt, beleidigt, verärgert oder besorgt – wie etwas in uns immer versucht, nett zu sein, sich aber immer von diesem beleidigt und von jenem gekränkt fühlt.

Durch Reflektieren kannst du einsehen: So ist die Welt; sie ist ein heikler Ort. Sie ist nicht immer dazu angetan, dich zu beruhigen und dich glücklich zu machen, in Sicherheit zu wiegen oder positiv zu stimmen. Das Leben ist voll von Dingen, die dich beleidigen, kränken, verletzen oder erschüttern können. So ist das Leben. Es ist so. Wenn jemand mit ärgerlicher Stimme spricht, dann wirst du das spüren. Doch dann kannst du das geistig weiterführen und dich gekränkt fühlen: „Oh, als sie das sagte, das hat wirklich wehgetan. Das war kein freundlicher Tonfall. Ich war ziemlich verletzt. Dabei habe ich nie etwas getan, um sie zu verletzen." Das ausufernde Denken macht auf diese Weise weiter, oder? – Man hat dich erschüttert, verletzt, angegriffen! Doch wenn du das kontemplierst, siehst du ein, dass es einfach Empfindsamkeit ist.

Wenn du so kontemplierst, bedeutet das nicht, dass du das Fühlen vermeiden willst. Wenn jemand in unfreundlichem Tonfall mit dir spricht, wirst du es sehr wohl spüren. Wir versuchen nicht, emfindungslos zu sein. Doch versuchen wir, das nicht falsch zu interpretieren, es nicht auf eine persönliche Ebene zu bringen. Emotional ausgeglichen zu sein, bedeutet, dass du es hinnehmen kannst, wenn jemand dir etwas Beleidigendes sagt. Du besitzt die Ausgeglichenheit und emotionale Stärke, nicht beleidigt, verletzt oder erschüttert darüber zu sein, was im Leben passiert.

Falls du jemand bist, der sich immer verletzt oder beleidigt vom Leben fühlt, dann musst du ständig davonlaufen und dich verstecken oder du musst eine Gruppe kriecherischer Speichellecker finden, mit denen du leben kannst, Leute, die sagen: „Du bist wunderbar, Ajahn Sumedho." „Bin ich wirklich wunderbar?" „Ja, wirklich." „Das sagst du jetzt nur so, oder?" „Nein, nein, ich glaube es von ganzem Herzen." „Nun, der da drüben glaubt nicht, dass ich wundervoll bin." „Ach, der ist ein Dummkopf!" „Das habe ich mir auch schon gedacht." Ist das nicht wie die Geschichte von des Kaisers neuen Kleidern? Du musst dir eine ganz spezielle Umgebung suchen, damit dir alles bestätigt wird – sicher und frei von allem Bedrohlichen.

Harmonie

Mit Rechtem Bemühen, Rechter Achtsamkeit und Rechter Konzentration ist man ohne Furcht. Man ist ohne Furcht, weil es nichts zu fürchten gibt. Man hat den Mut, den Dingen ins Auge zu sehen und sie nicht falsch aufzufassen; man hat die Weisheit, das Leben zu kontemplieren und zu reflektieren; man hat die Sicherheit und das Vertrauen von *sīla,* die Stärke seiner moralischen Verpflichtung und die Entschlossenheit, mit Körper und Sprache Gutes zu tun und sich Schädlichem zu enthalten. Auf diese Weise bildet alles zusammen einen Pfad der Entwicklung. Es ist ein vollkommener Pfad, weil alles sich gegenseitig hilft und unterstützt – der Körper, die emotionale Natur (die gefühlsmäßige Sensibilität) und der Verstand. Alle befinden sich in vollkommener Harmonie und unterstützen sich gegenseitig.

Ohne diese Harmonie kann unsere instinkt-gesteuerte Natur außer Kontrolle geraten. Wenn wir keine moralische Selbstbeschränkung haben, können unsrere Instinkte die Führung übernehmen. Folgen wir zum Beispiel nur unserem sexuellen Verlangen und verlieren den Bezug zur Moral, dann verstricken wir uns in einer Weise, die Abscheu vor uns selbst hervorruft.

Ehebruch, Promiskuität und Krankheit, und all die Zerrüttung und Verwirrung – das sind die Folgen, wenn wir unsere instinkt-gesteuerte Natur nicht durch moralische Beschränkungen zügeln.

Wir können unsere Intelligenz zum Lügen und Betrügen benutzen, wie jeder weiß, doch wenn wir eine moralische Grundlage haben, werden wir von Weisheit und von *samādhi* geleitet; diese führen zu emotionaler Ausgeglichenheit und emotionaler Stärke. Doch benutzen wir Weisheit nicht, um Empfindungsfähigkeit zu unterdrücken. Wir dominieren unsere Emotionen nicht durch das Denken oder durch die Unterdrückung unserer emotionalen Natur. Das war eine allgemeine Tendenz hier im Westen. Wir haben unser rationales Denken und Idealisieren dazu benutzt, unsere Emotionen zu beherrschen und zu unterdrücken, und damit sind wir vielen Dingen, dem Leben und uns selbst gegenüber unsensibel geworden.

In der Achtsamkeits-Praxis durch *Vipassana*-Meditation jedoch ist der Geist vollkommen offen und empfänglich, so dass er weit wird und eine all-umfassende Qualität bekommt. Und weil der Geist offen ist, ist er auch fähig zum Reflektieren. Wenn du dich auf einen Punkt konzentrierst, verliert dein Geist die Fähigkeit zum Reflektieren – er ist in die Eigenschaft dieses Objekts vertieft. Die Fähigkeit des Geistes zum Reflektieren entsteht durch Achtsamkeit, volle Bewusstheit. Dabei filterst oder selektierst du nichts aus. Du nimmst einfach wahr, dass alles was entsteht, vergeht. Du kontemplierst, dass, wenn du an irgendetwas von dem, was entsteht, anhaftest, auch das vergeht. Du machst die Erfahrung, dass, selbst wenn es bei seinem Entstehen anziehend erscheint, es sich verändert und dem Vergehen zuneigt. Dann lässt seine Anziehungskraft nach, und wir müssen etwas anderes finden, in das wir uns vertiefen können.

Das Wichtige unseres Mensch-Seins ist, dass wir mit dem Boden in Berührung bleiben, dass wir die Begrenzungen dieser menschlichen Form und des Lebens auf diesem Planeten akzeptieren müssen. Und wenn wir genau das akzeptieren, dann liegt der Weg aus dem Leiden hinaus nicht darin, dass wir uns der menschlichen

Erfahrung durch ein Leben in verfeinerten Bewusstseinszuständen entziehen, sondern darin, dass wir die Totalität aller menschlichen und *Brahma*-Welten durch Achtsamkeit umarmen. Auf diese Weise hat uns der Buddha den Weg zur vollkommenen Erkenntnis gewiesen und nicht zu einer vorübergehenden Flucht in Feinstoffliches und Schönheit. Das ist die Absicht des Buddha, wenn er auf den Weg zu *Nibbāna* hinweist.

Der Achtfache Pfad als Lehre, die zum Reflektieren anregt

Auf diesem Achtfachen Pfad funktionieren die acht Elemente wie acht Beine, die dich tragen. Nicht 1,2,3,4,5,6,7,8 wie auf einer Stufenleiter, es ist eher ein Zusammenwirken. Nicht dass Du zuerst *paññā* entwickelst, und dass, wenn du dann *paññā* hast, du dein *sīla* entwickeln kannst, und dass, sobald dein *sīla* entwickelt ist, du dann *samādhi* erlangen wirst. So scheinen wir uns das vorzustellen, oder? „Erst musst du eins haben, dann zwei und dann drei." Tatsächlich verwirklicht sich die Entwicklung des Achtfachen Pfades aus der Erfahrung eines Augenblicks, es ist alles eins. Alle seine acht Glieder wirken in einer einheitlichen kraftvollen Entwicklung. Es ist kein linearer Prozess – wie wir es uns vielleicht vorstellen, weil wir nur einen Gedanken zur Zeit haben können.

Alles, was ich über den Achtfachen Pfad und die Vier Edlen Wahrheiten gesagt habe, ist nur eine Art des Reflektierens. Das wirklich Wichtige für dich ist zu erkennen, was ich bei diesem Reflektieren tatsächlich mache, und dich nicht an meine Worte zu klammern. Es ist eine Vorgehensweise, den Achtfachen Pfad in deinem Geist zu verankern und ihn als eine Lehre, die zum Reflektieren führt, zu benutzen, so dass du erwägen kannst, was sie wirklich bedeutet. Glaube nicht einfach, dass du sie kennst, nur weil du sagen kannst: „*sammā diṭṭhi* bedeutet Rechtes Verstehen, *sammā sankappā* bedeutet Rechtes Denken." Das ist ein intellektuelles Herangehen. Jemand anderes sagt vielleicht: „Nein, ich denke, *sammā sankappā* bedeutet ..." Und du erwiderst: „Nein, im Buch steht Rechtes Denken. Du hast es falsch verstanden." Das ist kein Reflektieren.

Wir können *sammā sankappa* mit Rechtes Denken oder Rechte Einstellung oder Absicht übersetzen; wir probieren Dinge aus. Wir nutzen diese Begriffe als Werkzeug zur Kontemplation, anstatt zu glauben, dass sie ein für allemal festgelegt seien und wir sie auf orthodoxe Weise zu akzeptieren hätten, dass jede Abweichung von der exakten Interpretation Ketzerei wäre. Es ist wahr, dass unsere Art des Denkens manchmal so starr ist, aber wir versuchen, über diese Denkweise hinauszugehen, indem wir einen Geist entwickeln, der beweglich ist, beobachtet, untersucht, abwägt, sich wundert und reflektiert.

Ich möchte jeden von euch dazu ermutigen, es zu wagen, auf weise Art selbst zu erwägen, wie die Dinge sind. Lass dir nicht von jemand anderem sagen, ob du reif bist für Erleuchtung oder nicht. In Wirklichkeit geht es in der buddhistischen Lehre darum, jetzt erleuchtet zu sein, und nicht darum, irgendetwas zu tun, um erleuchtet zu werden. Die Idee, dass du etwas tun musst, um erleuchtet zu werden, kann nur aus falschem Verstehen kommen. Danach wäre Erleuchtung nicht mehr als ein neuer Zustand, der von etwas anderem abhängig wäre – und damit wäre es nicht wirklich Erleuchtung. Es wäre nur eine Vorstellung von Erleuchtung. Jedoch spreche ich nicht von irgendeiner Vorstellung, sondern davon, aufmerksam zu sein, wie die Dinge sind. Der gegenwärtige Augenblick ist das, was wir wirklich beobachten können: das Morgen können wir noch nicht sehen, und an das Gestern können wir uns nur erinnern. Aber buddhistische Praxis ist ganz unmittelbar auf das Hier und Jetzt gerichtet, wir betrachten die Dinge, wie sie sind.

Und wie machen wir das? Nun, zuerst müssen wir unsere Zweifel und Ängste betrachten – weil wir inzwischen so an unseren Sichtweisen und Meinungen haften, dass diese uns an dem zweifeln lassen, was wir tun. Jemand könnte eine falsche Zuversicht entwickeln und glauben, dass er erleuchtet sei. Doch sowohl der Glaube, erleuchtet zu sein, als auch der Glaube, nicht erleuchtet zu sein, sind beide irreführend. Worauf ich hinweisen will, ist, erleuchtet zu sein, anstatt daran zu glauben. Und dafür müssen wir uns für die Dinge öffnen, wie sie sind.

Wir beginnen mit den Dingen, wie sie sind, wie sie jetzt gerade sind – wie mit dem Atmen meines Körpers. Was hat das mit Wahrheit, mit Erleuchtung zu tun? Wenn ich meinen Atem betrachte, bedeutet das, dass ich erleuchtet bin? Doch je mehr du versuchst, darüber nachzudenken und herauszubekommen, was Erleuchtung ist, desto ungewisser und unsicherer wirst du dich fühlen. Alles, was wir in dieser konventionellen Form tun können, ist, irreführende Vorstellungen loszulassen. Das ist die Praxis der Vier Edlen Wahrheiten und die Entwicklung des Achtfachen Pfades.

Glossar

Ajahn, Thai für „Lehrer", oft als Titel für den Senior-Mönch oder die Senior-Mönche eines Klosters verwendet. Auch „Achaan" oder „Acharn" (und einige weitere Formen, die alle vom Pali-Wort „acariya" abgeleitet sind).

Amaravati, wörtlich „Bereich des Todlosen", Name des zweiten von Ajahn Sumedho gegründeten Klosters in England, in dem er zur Zeit Abt ist. Siehe: www.amaravati.org

Arahant, ein vollkommen Heiliger, der sich durch tiefste Selbsterkenntnis von allen Trieben und zukünftigen Wiedergeburten befreit hat. Diese Befreiung beruht auf dem vollständigen Verstehen des elementaren Gesetzes, dass alles, was dem Entstehen unterworfen ist, auch dem Vergehen unterworfen ist.

Bedingtes Entstehen, eine Schritt-für-Schritt-Erklärung, wie, bedingt durch Unwissenheit und Verlangen, Leiden entsteht und mit deren Verlöschen endet.

Bhikkhu, Almosen-Empfänger; der Begriff bezeichnet einen buddhistischen Mönch, der von Almosen lebt und sich an die Trainings-Regeln hält, die ein Leben im Sinne von Verzicht und Moral kennzeichnen.

Buddha-Rupa, ein Bild oder eine Statue des Buddha

Cittaviveka, erstes von Ajahn Sumedho 1978 in England eingerichtetes Kloster in Chithurst, West Sussex. Gegenwärtig ist Ajahn Sucitto Abt in Cittaviveka.

Daseinsgruppen, in Pali: khandha; fünf körperliche und geistige Daseinserscheinungen, die dem oberflächlichen Beobachter eine Persönlichkeit vortäuschen: Körperlichkeit, Gefühl, Wahrnehmung, Geistesformationen und Sinnes-Bewusstsein.

Dhamma, wenn es im Sinne eines Aspekts des Universums gesehen wird und man sich nicht mit ihm als etwas Persönlichem identifiziert, bezeichnet es ein Phänomen, eine Daseinserscheinung. Es kann sich auch auf die Lehre des Buddha beziehen, wie sie in den Schriften festgehalten ist, oder auf die Universelle Wahrheit, auf die in der Lehre hingewiesen wird. (Sanskrit: dharma)

Dhammapala, wörtlich „Beschützer des Dhamma", Name des mit Amaravati verbundenen buddhistischen Klosters in Kandersteg in der Schweiz. Siehe: www.dhammapala.org

Dukkha, wörtlich „schwer zu ertragen". Un-Wohlsein, geistige Unruhe, Unzufriedenheit oder Leiden, Qual, Konflikt, Unzufriedenheit (eine der drei Eigenschaften aller bedingten Existenz).

Kamma, Handlung oder Ursache, die durch gewohnheitsmäßige Impulse, Absichten oder natürliche Energien geschaffen oder wiedergeschaffen wird. Häufig wird es in einem Sinne gebraucht, der das Ergebnis oder die Wirkung einer Handlung einschließt, obwohl der korrekte Begriff dafür vipaka ist. (Sanskrit: karma)

Nibbāna, wörtlich „Erlöschen". Die endgültige, restlose Befreiung von Gier, Hass und Verblendung und damit von Leiden und dem Elend des Lebenskreislaufs.

Pali, die Schriftsprache des Theravāda-Buddhismus.

Samsāra, die nicht erleuchtete, unbefriedigende Erfahrung des Lebens. Beständiges Wandern, Kreislauf des Daseins oder der Wiedergeburten.

Theravāda, wörtlich „Der Weg der Älteren", traditionelle Bezeichnung für die buddhistische Schule, die der vom Buddha gesprochenen Sprache und dem von ihm begründeten Stil des Praktizierens am nächsten folgt. Heute wird diese Tradition vor allem in Thailand, Sri Lanka, Burma, Laos und Kambodscha praktiziert.

Sīladhara, wörtlich „eine, die die Tugend aufrechterhält". Der Begriff für die buddhistischen Nonnen, die von Ajahn Sumedho die höhere Ordination erhalten haben. Zur Zeit haben wir keine Bhikkhuni-Ordination.

Tipitaka, wörtlich „Drei Körbe". Die Sammlungen der buddhistischen Schriften, in drei Teile geordnet nach Sutta (Lehrreden), Vinaya (Disziplin oder Training) und Abhidhamma (Metaphysik)

Uposatha, wörtlich „fasten". Ein Tag der Betrachtung, gewöhnlich zu Vollmond und Neumond.

Vipassana, Einsichts-Meditation, „in Dinge hineinschauen".

mehr zu Meditations-Methoden: siehe Seite 74